BEI GRIN MACHT SICH WISSEN BEZAHLT

- Wir veröffentlichen Ihre Hausarbeit, Bachelor- und Masterarbeit
- Ihr eigenes eBook und Buch - weltweit in allen wichtigen Shops
- Verdienen Sie an jedem Verkauf

Jetzt bei www.GRIN.com hochladen und kostenlos publizieren

Marcel Häusler

Unternehmensbewertung. Eine kritische Übersicht gegenwärtig eingesetzter Verfahren

GRIN Verlag

Bibliografische Information der Deutschen Nationalbibliothek:

Die Deutsche Bibliothek verzeichnet diese Publikation in der Deutschen Nationalbibliografie; detaillierte bibliografische Daten sind im Internet über http://dnb.d-nb.de/ abrufbar.

Dieses Werk sowie alle darin enthaltenen einzelnen Beiträge und Abbildungen sind urheberrechtlich geschützt. Jede Verwertung, die nicht ausdrücklich vom Urheberrechtsschutz zugelassen ist, bedarf der vorherigen Zustimmung des Verlages. Das gilt insbesondere für Vervielfältigungen, Bearbeitungen, Übersetzungen, Mikroverfilmungen, Auswertungen durch Datenbanken und für die Einspeicherung und Verarbeitung in elektronische Systeme. Alle Rechte, auch die des auszugsweisen Nachdrucks, der fotomechanischen Wiedergabe (einschließlich Mikrokopie) sowie der Auswertung durch Datenbanken oder ähnliche Einrichtungen, vorbehalten.

Impressum:

Copyright © 2005 GRIN Verlag GmbH
Druck und Bindung: Books on Demand GmbH, Norderstedt Germany
ISBN: 978-3-638-69295-3

Dieses Buch bei GRIN:

http://www.grin.com/de/e-book/49761/unternehmensbewertung-eine-kritische-uebersicht-gegenwaertig-eingesetzter

GRIN - Your knowledge has value

Der GRIN Verlag publiziert seit 1998 wissenschaftliche Arbeiten von Studenten, Hochschullehrern und anderen Akademikern als eBook und gedrucktes Buch. Die Verlagswebsite www.grin.com ist die ideale Plattform zur Veröffentlichung von Hausarbeiten, Abschlussarbeiten, wissenschaftlichen Aufsätzen, Dissertationen und Fachbüchern.

Besuchen Sie uns im Internet:

http://www.grin.com/

http://www.facebook.com/grincom

http://www.twitter.com/grin_com

Institut für Controlling und
Unternehmensrechnung

**Unternehmensbewertung -
Eine kritische Übersicht gegenwärtig eingesetzter Verfahren**

Verfasser:
Marcel Häusler

Inhaltsverzeichnis

Abbildungsverzeichnis: III
Abkürzungsverzeichnis IV

I   Einleitung 1

II   Grundlagen der Unternehmensbewertung 3
     1   Wert und Preis 3
     2   Entwicklung betriebswirtschaftlicher Wertkonzeptionen 4
     3   Der Zweck der Unternehmensbewertung 7
     4   Die Aufgaben der Unternehmensbewertung 9
     5   Der Ablauf des Bewertungsprozesses 12
     6   Die Anforderungen an die Bewertungsverfahren 15

III   Übersicht der Bewertungsverfahren 17
     1   Gegenwärtig eingesetzte Verfahren 18
         1.1   Empirische Untersuchungen 18
         1.2   Wirtschaftsprüfungsgesellschaften 21
         1.3   Erkenntnisse aus der gegenwärtigen Anwendung 22
     2   Einzelbewertungsverfahren 23
         2.1   Substanzwertverfahren 23
             2.1.1   Reproduktionswertverfahren 24
             2.1.2   Liquidationswertverfahren 26
             2.1.3   Substanzwert im Sinne ersparter Ausgaben 27
             2.1.4   Beurteilung der Substanzwertverfahren 28
     3   Gesamtbewertungsverfahren 29
         3.1   Ertragswertverfahren 29
             3.1.1   Konzeption des Ertragswertverfahrens 30
             3.1.2   Bestimmung der Ertragsüberschüsse 32
             3.1.3   Bestimmung des Kalkulationszinsfuß 35
             3.1.4   Beurteilung der Ertragswertverfahren 37
         3.2   Discounted-Cashflow-Verfahren 38
             3.2.1   Entity – Ansätze (Bruttorechnung) 39
                   3.2.1.1   WACC – Ansatz 40
                   3.2.1.2   APV – Ansatz 42
                   3.2.1.3   TCF – Ansatz 43
             3.2.2   Equity – Ansatz (Nettorechnung) 44
             3.2.3   Beurteilung der DCF-Verfahren 44
         3.3   Realoptionsverfahren 46
             3.3.1   Darstellung des Realoptionsverfahrens 47
             3.3.2   Beurteilung des Realoptionsverfahrens 48
         3.4   Vergleichsverfahren – Multiplikatormethode 49
             3.4.1   Darstellung der Vergleichsverfahren 49
             3.4.2   Beurteilung der Vergleichswertverfahren 53
     4   Mischverfahren 54
         4.1   Mittelwertverfahren 55
         4.2   Übergewinnverfahren 55
         4.3   Stuttgarter Verfahren 56
         4.4   Beurteilung der Mischverfahren 57

IV   Zusammenfassung 59

Literaturverzeichnis V

Abbildungsverzeichnis:

Abbildung 1: Anlässe für Unternehmensbewertungen 8
Abbildung 2: Aufgaben der Unternehmensbewertung 10
Abbildung 3: Phasen der Akquisition 13
Abbildung 4: Vorbereitung der Unternehmensbewertung 14
Abbildung 5: Übersicht der Bewertungsverfahren 17
Abbildung 6: Veränderung des dominierenden Bewertungsverfahrens 19
Abbildung 7: Berechnungsschema des Reproduktionswerts 24
Abbildung 8: Berechnungsschema Liquidationswert 26
Abbildung 9: Übersicht der Gesamtbewertungsverfahren 29
Abbildung 10: Übersicht der gebräuchlichen Ertragsbegriffe 32
Abbildung 11: Berechnungsschema der Einzahlungsüberschüsse 33
Abbildung 12: Kalkulationszinsfußberechnung 36
Abbildung 13: Ausprägungen der DCF-Verfahren 38
Abbildung 14: Berechnungsschema operativer Cashflows 39
Abbildung 15: Zusammensetzung des Unternehmensgesamtwertes 48
Abbildung 16: Wesentliche Vergleichsverfahren 50
Abbildung 17: Multiplikatoren des durchschnittlichen Gewinns nach Branchen ... 51
Abbildung 18: Zusammenfassung der Verfahrensbeurteilungen 60

Abkürzungsverzeichnis:

Bd.	Band
BFuP	Betriebswirtschaftliche Forschung und Praxis
bspw.	beispielsweise
bzw.	beziehungsweise
CAPM	Capital Asset Pricing Model
DCF	Discounted Cash Flow
d. h.	das heißt
EBIT	Earnings Before Interest and Taxes
EBITDA	Earnings before Interest, Taxes, Depreciation and Amortization
IDW	Institut der Wirtschaftsprüfer
IPO	Initial Public Offering
KPMG	Klynveld, Peat, Marwick und Goerdeler - Beratungsgesellschaft
M&A	Mergers&Acquisitions
PWC	PricewaterhouseCoopers - Beratungsgesellschaft
S.	Seite
S 1	Standard 1
u. a.	und andere
usw.	und so weiter
vgl.	vergleiche
WAAC	Weighted Average Cost of Capital
WP	Wirtschaftsprüfer
z. Bsp.	zum Beispiel

Symbolverzeichnis:

CF_t^{EK}	=	Cashflow an die Eigenkapitalgeber in der Periode t
CF_t^{FK}	=	Cashflow an die Fremdkapitalgeber in der Periode t
E	=	konstanter Unternehmensertrag über den Planungshorizont hinaus
E_t	=	zukünftig erwarteter Ertrag in der Periode t
EK^{MW}	=	Marktwert des Eigenkapitals
EK^{MWu}	=	Marktwert des Eigenkapitals des als unverschuldet angenommenen Unternehmens
FCF_t	=	Free Cashflow in Periode t
FCF_t^u	=	Free Cashflows in der Periode t an die Eigentümer bei reiner Eigenfinanzierung
FK^{MW}	=	Marktwert des Fremdkapitals
GK^{MW}	=	Marktwert des Gesamtkapitals
i	=	Risikoäquivalente Renditeforderung der Fremdkapitalgeber
k_{TCF}	=	Gewogene Kapitalkosten
k_{WACC}	=	Gewogene durchschnittliche Kapitalkosten
m	=	Übergewinndauer
N_0	=	Barwert der erwarteten Liquidationserlöse aus der Veräußerung des Nichtbetriebsnotwendigen Vermögens
r	=	Kalkulationszinsfuß
$r(EK)_u$	=	Renditeforderungen der Eigenkapitalgeber für das unverschuldete Unternehmen
$r(EK)_v$	=	Renditeforderungen der Eigenkapitalgeber für das verschuldete Unternehmen
s	=	Unternehmenssteuersatz
T	=	Planungshorizont
TCF_t	=	Total Cashflow in Periode t

I Einleitung

„Da werden große Unternehmen im Handumdrehen gekauft und verkauft, als handelt es sich um Gebrauchtwagen"[1]

Fast wöchentlich berichten die Tageszeitungen von Unternehmenskäufen, die oft mehrere Milliarden Euro ausmachen können, als sei dies das Normalste der Welt. Von besonderem Interesse ist dabei, dass der Börsenwert des übernehmenden Unternehmens regelmäßig nicht steigt, sondern sogar sinkt. Die Börse scheint also nicht mit der Höhe des gezahlten Kaufpreises einverstanden zu sein. Bei der Preisfindung spielt zweifelsfrei der Bewertungsprozess eine wichtige Rolle. Nur wie dieser Bewertungsprozess abläuft und wie dabei vorgegangen wird, berichtet die Tagespresse nicht. Wer sich dann auf der Suche nach Antworten intensiver mit der Thematik der Unternehmensbewertung beschäftigt, muss schnell feststellen, dass es eine schier unüberschaubare Anzahl an Bewertungsverfahren gibt. Dem Betrachter stellen sich sodann mehrere Fragen: Wo liegen die Unterschiede der Verfahren? Eignen sich einige nur für bestimmte Bewertungsvorhaben bzw. spielt der Bewertungszweck eine Rolle? Gibt es das „universell richtige" Verfahren? In direktem Zusammenhang damit steht dann auch die Frage, welche dieser Verfahren nur auf dem Papier stehen – und Papier ist bekanntermaßen geduldig – und welche Verfahren in der Praxis Relevanz haben.

Diesen Fragen geht die vorliegende Arbeit nach. Dazu werden im nachfolgenden Teil II erst einmal grundlegende Fragen und Probleme der Unternehmensbewertung aufgezeigt und geklärt. Hierbei wird insbesondere auf die Bedeutung des Wertes und der sich daraus ableitenden Wertkonzeptionen eingegangen. Des Weiteren werden die Aufgaben der Unternehmensbewertung dargestellt und daraus ein Anforderungskatalog entwickelt, um die Bewertungsverfahren einheitlich beurteilen und vergleichen zu können. Um einen Einblick in den Verlauf einer Unternehmensbewertung zu verstehen, wird der Ablauf kurz am Beispiel einer Akquisition aufgezeigt.

---

[1] Altbundeskanzler Helmut Schmidt.

Den Hauptteil der Arbeit bildet der Teil III. Hier werden verschiedenen Bewertungsverfahren dargestellt und anhand des ausgearbeiteten Anforderungskatalogs beurteilt. Um die praktische Relevanz der verschiedenen Verfahren beurteilen zu können, wird am Anfang dieses Kapitels anhand von empirischen Untersuchungen der Frage nachgegangen, welche Verfahren die Praxis gegenwärtig einsetzt. Zusätzlich zu den dort aufgezeigten empirischen Untersuchungen, wird der Einsatz von Bewertungsverfahren bei drei großen Unternehmensberatungsgesellschaften beleuchtet.

Nachdem die einzelnen Verfahren dargestellt und beurteilt wurden, fasst der Teil IV die Ergebnisse zusammen und stellt sie in einer Grafik gegenüber.

II Grundlagen der Unternehmensbewertung

Dieses Kapitel widmet sich den grundlegenden Fragen und Problemstellungen der Unternehmensbewertung. Er schafft die Basis für das Verständnis der Bewertungsverfahren, auf dem bei der Verfahrensdarstellung in Teil III aufgebaut werden kann. Dazu bedarf es zuerst eine Abgrenzung der Begriffe Wert und Preis. Daraufhin werden drei Werttheorien dargestellt, deren Merkmale sich später in den Bewertungsverfahren widerspiegeln. Anhand der dominierenden Werttheorie werden dann Aufgaben und Funktionen vorgestellt, welche durch die Unternehmensbewertung zu erfüllen sind. Als Grundlage für die Beurteilung der Verfahren werden im Anschluss daran Anforderungen aufgestellt.

1 Wert und Preis

Der Gegenstand der Lehre der Unternehmensbewertung ist die Bestimmung des Wertes eines Unternehmens. So einfach sich dies anhört, bedarf es einer näheren Betrachtung:

„Price is what you pay. Value is what you get."[2]

Der Wert eines Gutes drückt dessen Nutzen aus, den es in der Lage ist für ein Wirtschaftssubjekt zu spenden. D.h. der Wert beruht auf der Fähigkeit Bedürfnisse befriedigen zu können. Der Nutzen wiederum kann von Situation zu Situation, sowie von Wirtschaftssubjekt zu Wirtschaftssubjekt unterschiedlich hoch ausfallen.[3] Beispielsweise besitzt ein Liter Wasser an einer Quelle die gleiche Fähigkeit zur Bedürfnisbefriedigung wie in einer Wüste; doch wird man ihm in der Wüste einen höheren Wert beimessen. Formal ausgedrückt: Es hat für Person A am Ort B im Zeitpunkt C den Wert X.[4] Es handelt sich also um eine „Subjekt-Objekt-

---

[2] Warren Buffet.

[3] Vgl. HÖLSCHER, [Unternehmensbewertung, 1998], S. 37 – 39.

[4] Vgl. CHMIELEWICZ, [Forschungskonzeptionen, 1994], S. 44.

Beziehung"[5] bei der es keinen objektiv-richtigen, sondern nur einen objektiv-möglichen bzw. subjektiv-vertretbaren Wert geben kann.[6]

Vom Wert zu unterscheiden ist der Preis. Der Preis ist ein in Geld ausgedrückter Tauschbetrag, welcher sich in Verhandlungen oder auf Märkten bildet. Bei Unternehmen liegt häufig eine besondere Situation vor, da es meistens nur einen Verkäufer und einen bzw. wenige Käufer gibt. Der Preis bildet sich bei dieser Konstellation also nicht auf dem Markt, sondern durch individuelle Verhandlungen.[7]

Der Unternehmenswert im Sinne der Unternehmensbewertung ergibt sich aus einem Wertermittlungsprozess, während sich ein Unternehmenspreis im Rahmen einer Verhandlung ergibt.[8] Inwieweit eine unterschiedliche Auslegung des Begriffs „Wert" Auswirkungen auf die Unternehmensbewertung haben kann, zeigt sich bei der Betrachtung der verschiedenen Wertkonzeptionen.

2 Entwicklung betriebswirtschaftlicher Wertkonzeptionen

Wie eine Unternehmensbewertung zu vollziehen ist, hängt maßgeblich von der zugrunde liegenden Wertkonzeption ab. Betriebswirtschaftslehre und betriebliche Praxis haben verschiedene Wertkonzeptionen entwickelt. Wegen der Bedeutung der Wertkonzeptionen für die Ausgestaltung und Anwendung der Bewertungsverfahren, widmet sich dieses Kapitel der Darstellung der objektiven, subjektiven und funktionalen Werttheorie.

Die *objektive Werttheorie* ist die historisch gesehen Älteste der drei genannten Konzeptionen. Sie dominierte die Unternehmensbewertung bis in die 1950er Jahre hinein.[9] Die Grundüberlegung hierbei ist, den Wert unabhängig von den Interes-

---

[5] Vgl. PEEMÖLLER, [Werttheorien, 2005], S. 3.
[6] Vgl. HÖLSCHER, [Unternehmensbewertung, 1998], S. 37 – 38.
[7] Volkswirtschaftlich gesehen bildet sich der Preis bei Unternehmen häufig wie bei unvollständiger Konkurrenz bzw. bilateralen Monopolen. Vgl. SCHULTZE, [Methoden, 2003], S 17.
[8] Vgl. BÖMELBURG, [Vorbereitung, 2005], S. 93.
[9] Vgl. DRUKARCZYK, [Unternehmensbewertung, 2003], S. 130.; PEEMÖLLER, [Werttheorien, 2005], S. 5.

senlagen der Käufer oder Verkäufer zu bilden, d. h. „losgelöst von Personen"[10]. Dazu wird der Wert eines Unternehmens mit dem Marktpreis gleichgesetzt. Da es sich bei Unternehmen um „einmalige, in höchstem Maße heterogene Güter"[11] handelt, für die aufgrund einer nicht hinreichend großen Anzahl von Anbietern und Nachfragern regelmäßig kein Marktpreis existiert, werden diese nicht als Ganzes, sondern mit Blick auf ihre Teile bewertet. Hierdurch wird von allen Beteiligten ein stets gleich hoher Unternehmenswert zu einem bestimmten Betrachtungszeitpunkt ermittelt, welcher den im Objekt selbst liegenden Wert darstellt.[12] Diese Betrachtungsweise führt zu einer starken „Betonung der gegenwarts- und vergangenheitsbezogenen Verhältnisse"[13] und zu einer starken Betrachtung des Substanzwertes.

Keine Beachtung finden in der objektiven Werttheorie die Tatsachen, dass ein wirklich objektiver Wert nicht zu bestimmen ist, da er immer von den Interessen der Käufer und Verkäufer abhängt.

Diese Erkenntnis fließt in die *subjektive Werttheorie* ein. Der Grundgedanke dieser Konzeption ist, dass der Wert eines Gesamtunternehmens nicht durch den im Unternehmen selbst liegenden Wert bestimmt wird. Das Ziel der subjektiven Werttheorie liegt deshalb in der Bestimmung von Entscheidungswerten, denn ein potentieller Käufer bzw. Verkäufer entscheidet unter rationalen Bedingungen nach dem im zukünftig zukommenden bzw. ihm entgehenden Nutzen.[14] Der unter dieser Betrachtung berechnete Unternehmenswert stellt somit eine Größe dar, die vom Käufer nicht überschritten bzw. vom Verkäufer unterschritten werden darf, wenn er als rational handelnder Mensch angesehen werden will. Diese Betrachtungsweise führt nun dazu, dass es grundsätzlich so viele Unternehmenswerte gibt, wie Parteien an der Bewertung beteiligt sind.[15] Die subjektive Werttheorie

---

[10] PEEMÖLLER, [Werttheorien, 2005], S. 5.
[11] JAENSCH, [Wert, 1966], S. 3. in HAYN, [junger Unternehmen, 2003], S. 35.
[12] Dieser wird in der Literatur auch als normalisierter Wert bezeichnet. Vgl. HAYN, [junger Unternehmen, 2003], S. 36.
[13] Vgl. PEEMÖLLER, [Werttheorien, 2005], S. 5.
[14] Vgl. BEER, [Bewertungsdienstleistungen, 2004], S. 109.
[15] Vgl. HAYN, [junger Unternehmen, 2003], S. 37.

versucht also den Wert eines Unternehmens unter besonderer Berücksichtigung der Ziele, Möglichkeiten und Vorstellungen eines ganz bestimmten Investors zu bestimmen. Es findet somit eine Betrachtung zukunftsbezogener Ertragswerte statt.

Die Bewertungen des Einzelnen sind von Anderen aufgrund der Subjektivität jedoch kaum nachvollziehbar und erschweren so einen fairen Interessenausgleich zwischen Käufer und Verkäufer.[16] Präskriptive Aussagen und Entscheidungsunterstützungen sind mithilfe der subjektiven Wertkonzeption nicht möglich. Aufgrund der Nichtnachvollziehbarkeit der individuellen Wertvorstellungen anderer Personen lässt die subjektive Wertkonzeption theoretisch auch keine Einschaltung von Beratern zu.[17]

Diesen Kritikpunkt greift die *funktionale Werttheorie* auf und versucht die Gegensätze der objektiven und subjektiven Werttheorie zu überwinden. Dazu findet eine Differenzierung nicht nur nach den Bewertungssubjekten, sondern auch nach dem Bewertungszweck statt.[18] Bei dieser zweckorientierten Betrachtung[19] hat der zu ermittelnde Wert keinen allgemeingültigen Charakter, sondern ist vielmehr mit dem der Bewertung zugrunde liegendem Zweck eng verbunden. So kann ein Unternehmen nicht nur für jede Person einen anderen Wert haben, sondern sogar bei ein und derselben Person je nach zugrunde liegender Fragestellung.[20]

Die funktionale Werttheorie erhebt im Gegensatz zur objektiven und subjektiven Werttheorie nicht mehr den Anspruch, „mit einem einzigen Bewertungskonzept beliebig strukturierte Bewertungsprobleme lösen zu können"[21]. Vielmehr unterscheidet sie unterschiedliche Funktionen, die sich aus dem jeweiligen konkreten Bewertungsanlass ableiten.

---

[16] Vgl. PEEMÖLLER, [Werttheorien, 2005], S. 7.
[17] Vgl. BECK, [Unternehmensbewertung, 1996], S. 78.
[18] Vgl. BEER, [Bewertungsdienstleistungen, 2004], S. 109.
[19] Vgl. HAYN, [junger Unternehmen, 2003], S. 38.
[20] Vgl. MATSCHKE, [Konzeptionen, 1995], S. 973.
[21] BRETZKE, [Methodenstreit, 1976], S. 543.

3 Der Zweck der Unternehmensbewertung

Es gibt eine Vielzahl von Anlässen, welche den Anstoß zu einer Unternehmensbewertung liefern können. Diese Anlässe können unterschiedlichster Art sein und beeinflussen den Bewertungszweck, da nach der funktionalen Wertkonzeption der Wert eines Unternehmens niemals losgelöst von dem Zweck der Bewertung ermittelt werden kann.[22]

Eine Unternehmensbewertung ist regelmäßig erforderlich, wenn es zu einer geplanten oder erzwungenen Veränderung der Eigentümerstruktur kommt.[23] Ebenso erfordern zuweilen steuerliche Zwecke, für die Aufstellung von Sanierungs- oder Insolvenzplänen als auch Kreditwürdigkeitsprüfungen eine Unternehmensbewertung.[24] Verstärkte Bedeutung gewinnt die Unternehmensbewertung als Bewertungsinstrument im Sinne einer stärkeren „Orientierung unternehmerischer Entscheidungen am Nutzen der Anteilseigner"[25] – Stichwort „Shareholder Value".

In der Literatur finden sich verschiedene Kategorisierungen der Anlässe. So unterscheiden einige nach dominierenden und nicht dominierenden Verhandlungssituationen[26] und andere dagegen zwischen entscheidungsabhängigen und -unabhängigen Situationen[27], je nachdem, ob sie durch den Willen des Eigentümers beeinflussbar sind oder nicht.

Bei der dominierenden Verhandlungssituation besitzt einer der Verhandlungspartner nicht die Möglichkeit zu einem Verhandlungsabbruch, da die dominierende Partei die Durchsetzung ihres Willens erzwingen kann. Diese Situation ist nur unter bestimmten Bedingungen gegeben und die unterliegende Partei hat in der Regel das Recht, die Bedingungen durch ein Gericht überprüfen zu lassen. Beispiel für eine solche Situation ist die Verdrängung von Minderheitsaktionären oder der

---

[22] Vgl. DRUKARCZYK, [Unternehmensbewertung, 2003], S. 128

[23] Weiterführende Informationen zu rechtlich begründeten Anlässen in: PILTZ, [Rechtsprechung, 2005], S. 779 – 781.

[24] Vgl. DRUKARCZYK, Unternehmensbewertung, 2003, S. 122

[25] SIEBEN, [Unternehmensbewertung, 1993], Sp. 4322.

[26] Vgl. SCHMIDT, [Unternehmensbewertung, 2002], S. 52; DRUKARCZYK, [Unternehmensbewertung, 2003], S. 123

[27] Vgl. SCHULTZE, [Methoden, 2003], S. 6

Ausschluss eines „lästigen" Gesellschafters. Die nicht dominierende Verhandlungssituation ist dagegen dadurch gekennzeichnet, dass beide Parteien die Verhandlungen abbrechen können und deshalb ein Konsens gefunden werden muss[28], wie zum Beispiel beim Eintritt eines zusätzlichen Gesellschafters.[29]

Bei der Unterscheidung zwischen entscheidungsabhängigen und -unabhängigen Anlässen wird zusätzlich danach unterschieden, ob ein Eigentümerwechsel stattfinden soll oder nicht. Die folgende Tabelle verdeutlicht diese Art der Unterscheidung bei den Bewertungsanlässen:

	Mit Eigentümerwechsel	Ohne Eigentümerwechsel
Abhängig vom Willen der Eigentümer	1. Kauf oder Verkauf von Unternehmensteilen 2. Börseneinführung (IPO) 3. Kapitalerhöhungen 4. Unternehmen als Sacheinlage 5. Abschluss eines Gewinnabführungs- oder Beherrschungsvertrages 6. Eingliederung 7. Privatisierung 8. Eintritt eines Gesellschafters in eine Personengesellschaft	1. Ermittlung des ökonomischen Gewinns 2. Buchwertermittlung 3. Zukunftsbezogene Publizität 4. Wertorientierte Strategische Planung 5. Pretiale Lenkung des Verhaltens von Gesellschaftern über Erfolgsbeteiligung und Abfindungsklauseln 6. Wertorientierte Vergütung von Managern
Unabhängig vom Willen der Eigentümer	1. Vermögensübertragung 2. Verschmelzung 3. Umwandlung 4. Erbauseinandersetzung 5. Ehescheidungen 6. Enteignung, Entflechtung 7. Ausscheiden oder Ausschluss eines Gesellschafters aus einer Personengesellschaft	1. Sanierung 2. Kreditwürdigkeitsprüfung 3. Steuererklärung

Abbildung 1: Anlässe für Unternehmensbewertungen[30]

---

[28] Wird kein Konsens gefunden, findet keine Veränderung statt.
[29] Vgl. DRUKARCZYK, [Unternehmensbewertung, 2003], S. 122 – 123.
[30] Vgl. SCHULTZE, [Methoden, 2003], S. 6

Aus den dargestellten Bewertungsanlässen lassen sich zusammenfassend folgende Bewertungszwecke ableiten:[31]

- Ermittlung von Entscheidungswerten für potenzielle Käufer bzw. Verkäufer
- Ermittlung von Schiedswerten zur Interessenvermittlung
- Ermittlung von normorientierten Werten aufgrund rechtlicher Normen
- Ermittlung von Argumentationswerten für Verkaufsverhandlungen
- Ermittlung von potenziellen Marktpreisen
- Ermittlung von Bilanzwerten, z. Bsp. für Goodwillprüfungen nach IAS

Genauso wie der Anlass Einfluss auf die Bewertung nimmt, unterscheidet sich die Art und Weise einer Unternehmensbewertung auch aufgrund unterschiedlicher Anschauungen der Durchführenden. Unternehmensberater setzen zum Teil andere Schwerpunkte und verfolgen andere Interessen als ein Steuerberater oder Wirtschaftsprüfer. Hieraus resultiert die Vorliebe einzelner Branchen für bestimmte Bewertungsverfahren. Inwieweit diese empirisch belegt sind und inwiefern dort Annäherungen zu beobachten sind, wird später in Teil III genauer betrachtet.

4 Die Aufgaben der Unternehmensbewertung

Aufbauend auf der besonderen Berücksichtigung des Bewertungszwecks bei der funktionalen Werttheorie, lassen sich verschiedene Haupt- und Nebenfunktionen der Unternehmensbewertung ableiten, die auch als Aufgabenstellung des Bewerters interpretiert werden können. Hierbei lassen sich zwei verschiedene Funktionslehren unterscheiden. Zum einen die so genannte Kölner Funktionslehre, sowie die Funktionslehre des Instituts der Wirtschaftsprüfer.[32]

---

[31] Vgl. MANDL/RABEL, [Überblick, 2005], S. 63.

[32] Einen detaillierten Vergleich zwischen den beiden Funktionslehren findet man in: HAYN, [junger Unternehmen, 2003], S. 38 – 75.

Die Kölner Funktionslehre benennt 3 Haupt- und 3 Nebenfunktionen.[33] Zu den Hauptfunktionen gehören die Beratungs-, die Argumentations- und die Vermittlungsfunktion, zu den Nebenfunktionen die Bilanz-, die Steuerbemessungs- sowie die Vertragsgestaltungsfunktion.[34]

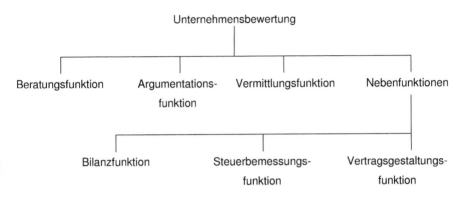

Abbildung 2: Aufgaben der Unternehmensbewertung

Die Beratungsfunktion soll Entscheidungshilfen für Käufer und Verkäufer liefern. Hierzu werden Grenzpreise oder Entscheidungswerte[35] ermittelt, welche dem potenziellen Käufer bzw. Verkäufer den maximal zu zahlenden bzw. den mindestens zu verlangenden Preis aufzeigen. Diese Grenzpreise stellen eine Voraussetzung für die Aufnahme von Verhandlungen dar. Zu beachten ist hierbei, dass es sich um spezifische, nur für einen bestimmten Entscheidungsträger gültige Grenzpreise handelt.[36]

---

[33] Die Begriffswahl und Abgrenzung der einzelnen Funktionen wird in der Literatur unterschiedlich gehandhabt. Dieser Arbeit liegt die Einteilung von SIEBEN zugrunde, welche in der Literatur häufig Verwendung findet. Vgl. SIEBEN, [Funktionen, 1983], S. 540; PEEMÖLLER, [Werttheorien, 2005], S. 8.

[34] Vgl. BEER, [Bewertungsdienstleistungen, 2004], S. 110.

[35] Vgl. MATSCHKE, [Entscheidungswerte, 1993], S. 2.

[36] Vgl. HAYN, [junger Unternehmen, 2003], S. 42-43.

Die Argumentationsfunktion stellt bildlich gesprochen ein Vehikel dar, „um der Gegenpartei einen Preis in der Nähe ihres eigenen Entscheidungswertes als angemessen erscheinen zu lassen"[37]. Hierbei kommt es darauf an, dass die Argumente für einen bestimmten Wert einerseits glaubwürdig sind, um überzeugen zu können und andererseits flexibel, um genügend Verhandlungsspielraum offen zu lassen. Ein vorteilhaftes Verhandlungsergebnis wird aus Sicht des Verkäufers dann erzielt, wenn es ihm gelingt einen möglichst hohen Verkaufspreis, nahe am Entscheidungswert des Käufers zu erreichen.[38]

Bei der Vermittlungsfunktion hat der Bewerter die Aufgabe, zwischen den konfligierenden subjektiven Wertvorstellungen zweier Parteien zu vermitteln. Aus diesem Grund wird bei diesem Schiedswert auch von einem Arbitrium- oder Vermittlungswert gesprochen.[39] Auftraggeber für solche Bewertungsvorgänge können die beteiligten Unternehmen selbst oder auch Gerichte sein. Die Grundlage für die Bewertung sind die Entscheidungswerte der Beteiligten. Liegt der Entscheidungswert des Verkäufers unterhalb des Entscheidungswertes des Käufers, entsteht ein Transaktionsbereich, innerhalb dessen eine Einigung grundsätzlich möglich ist.[40] Bei einer dominierenden Verhandlungssituation kann zusätzlich ein negativer Transaktionsbereich existieren, welcher den Entscheidungswert der unterlegenen Partei unberücksichtigt lässt.[41]

Die Nebenfunktionen werden weitestgehend durch fiskalische, handelsrechtliche oder vertragliche Normen determiniert.[42] Die Bilanzfunktion dient dabei der „Information über die Ertragskraft des Unternehmens"[43], die Steuerbemessungsfunktion ist insbesondere für kleine und mittlere Unternehmen bei der Erbfolge von Interes-

---

[37] BEER, [Bewertungsdienstleistungen, 2004], S. 110.
[38] Vgl. DRUKARCZYK, [Unternehmensbewertung, 2003], S. 132 – 133.
[39] Vgl. HAYN, [junger Unternehmen, 2003], S. 44.
[40] In der Literatur finden sich 3 Vorschläge zur Aufteilung des Transaktionsbereichs. Weiterführende Informationen zur Aufteilung des Transaktionsbereichs in: SIEBEN, [Unternehmensbewertung, 1993], Sp. 4318; DRUKARCZYK, [Unternehmensbewertung, 2003], S. 132 – 134.
[41] Vgl. MATSCHKE, [Konfliktsituationen, 1981], S. 117.
[42] Vgl. HAYN, [junger Unternehmen, 2003], S. 40.
[43] PEEMÖLLER, [Werttheorien, 2005], S. 12.

se und die Vertragsgestaltungsfunktion zur Formulierung von Verträgen zur Abfindung von Gesellschaftern.[44]

Die Funktionslehre des IDW unterscheidet nicht zwischen Haupt- und Nebenfunktionen, sondern nur nach der Tätigkeit des Wirtschaftsprüfers in den Funktionen als Berater, Vermittler oder neutralem Gutachter.[45] Die Funktion des Beraters und des Vermittlers findet sich auch hier wieder, Argumentationsfunktion und Nebenfunktionen fehlen. Hinzu kommt die Funktion des neutralen Gutachters. Hierbei soll sich der Wirtschaftsprüfer durch Unparteilichkeit und sachbezogene Objektivität auszeichnen, indem er als Sachverständiger fungiert. Ziel ist die Unternehmensbewertung mit einer nachvollziehbaren Methodik, welche einen objektiven Wert, unbeeinflusst von den individuellen Wertvorstellungen der betroffenen Parteien, liefert.[46]

Zusammenfassend zu den unterschiedlichen Funktionslehren lässt sich sagen, dass bei der Kölner Funktionslehre die Entscheidungswerte eine zentrale Bedeutung besitzen, während bei der Funktionslehre des IDW die Bestimmung des objektiven Wertes einen besonderen Stellenwert genießt. Das sich diese unterschiedlichen Betrachtungsweisen auch auf die Wahl der Bewertungsmethoden auswirkt, wird anhand der empirischen Untersuchungen im Teil III ersichtlich.

5 Der Ablauf des Bewertungsprozesses

Dieses Kapitel soll einen kurzen Einblick in den grundsätzlichen Ablauf einer Unternehmensbewertung ermöglichen. Das Ziel der Darstellung ist jedoch keine ausführliche Anleitung, sondern vielmehr eine Skizzierung des Weges. Die dabei zutage tretende Komplexität soll den Leser für die damit verbundenen Probleme sensibilisieren. Als Beispiel dient hierbei der Ablauf des Bewertungsprozesses bei einer Unternehmensakquisition.

---

[44] Vgl. PEEMÖLLER, [Werttheorien, 2005], S. 12 – 13.
[45] Vgl. IDW, [IDW S1, 2001], S. 5 – 6.
[46] Vgl. IDW, [IDW S1, 2001] S. 5.

Der gesamte Akquisitionsprozess bis zum Vertragsabschluss kann in der Regel in 6 Phasen unterteilt werden. Die folgende Abbildung zeigt diesen Verlauf:

Kaufvorbereitung
(Überlegungen zur Akquisitionsstrategie)

⇩

Recherche
(Auswahl potentieller Akquisitionsobjekte)

⇩

Kontaktaufnahme
(Confidential agreement)

⇩

Preisfindung und Indikativangebot

⇩

Vertiefte Prüfung des Unternehmens
(Due diligence[47])

⇩

Vertragsverhandlung und Abschluss

Abbildung 3: Phasen der Akquisition

Diese Komplexität macht deutlich, dass die Wahl eines passenden Bewertungsverfahrens nur ein Problem von vielen darstellt. Bewertungsprozesse werden während der Akquisition in unterschiedlichen Phasen mit verschiedenen Zwecken durchgeführt. Während der Recherche gilt es beispielsweise aus der Vielzahl von

---

[47] Hierbei handelt es sich um eine Untersuchung mit „gebührender Sorgfalt", welche insbesondere die Suche nach Negativem (um Stolpersteine oder gar „Deal Breaker" vor dem Kauf zu erkennen) beinhaltet. Vgl. HELBING, [Due-Diligence, 2005], S. 161.

Unternehmen geeignete Kandidaten auszuwählen. Der Bewertungsprozess ist hierbei daher weniger detailreich als beispielsweise während der Preisfindung und der vertieften Prüfung.

Die folgende Abbildung zeigt einige wichtige Aspekte, welche in die Bewertung einfließen und deshalb vor bzw. während des Bewertungsprozesses geklärt werden müssen:

1. Bewertungsauftrag/-vertrag
1.1. Bewertungsobjekt
1.2. Bewertungsanlass
1.3. Bewertungsverfahren
1.4. Bewertungszweck
1.5. Bewertungszeitpunkt
2. Vorverhandlung
2.1. Geheimhaltung
2.2. Bindungswirkung der Verhandlung
3. Mindestunterlagen der Bewertung
3.1. Referenzzeitpunkt
3.2. Planungsrechnung

Abbildung 4: Vorbereitung der Unternehmensbewertung[48]

Die Klärung dieser Aspekte ist für den Bewertenden wichtig, um bereits in diesem frühen Stadium der Bewertung eine, von allen Seiten anerkannte, Vorgehensweise festzulegen. Auf die Bedeutung von Bewertungsanlass und -zweck wurde bereits in Kapitel II3 eingegangen, jedoch haben auch die anderen Aspekte Einfluss auf die Bewertung. Im Bewertungsauftrag kann zum Beispiel der Auftraggeber ein bestimmtes Bewertungsverfahren oder die Art der Berechnung des Risikozuschlags festlegen. Die Geheimhaltung beeinflusst den Bewertungsvorgang beispielsweise dahingehend, dass Informationen nur sehr zögernd, insbesondere an

---

[48] In Anlehnung an BÖMELBURG, [Vorbereitung, 2005], S. 91.

Konkurrenten bei einer beabsichtigten Übernahme, herausgegeben werden.[49] Die Gewinnung von verwendbaren Informationen hat, obwohl in der Betriebswirtschaftslehre selten behandelt, also einen nicht unerheblichen Einfluss auf den Bewertungsvorgang.[50]

6 Die Anforderungen an die Bewertungsverfahren

Die in diesem Kapitel formulierten Anforderungen sollen der kritischen Bewertung der unterschiedlichen Methoden der Unternehmensbewertung dienen. Dazu werden im Folgenden einige wesentliche Grundsätze dargestellt und ihre Bedeutung kurz erläutert. Im Hauptteil werden die Verfahren dann einzeln dargestellt und direkt im Anschluss anhand der hier aufgestellten Anforderungen beurteilt. Da einige der dabei aufgezeigten Verfahren spezielle Vor- und/oder Nachteile haben, welche mit den aufgestellten Anforderungen nicht abgedeckt werden können, werden diese dann dort hinzufügend erwähnt.

Die Grundsätze ordnungsgemäßer Unternehmensbewertung variieren in Umfang und Art in der Literatur.[51] Inhaltlich weisen die verschiedenen Systematisierungen der Grundsätze weitgehende Gemeinsamkeiten auf. So lassen sich folgende wesentliche Anforderungen an ein „gutes" Unternehmensbewertungsverfahren ableiten.

Maßgeblichkeit des Bewertungszwecks

Der Wert des Unternehmens ergibt sich aus dem Nutzen, welcher dem Investor oder Eigentümer zukünftig zufliesen wird. Dieser wiederum ist abhängig vom verfolgendem Zweck des Eigentümers, wobei hierbei möglichst auch nichtfinanzielle Faktoren[52] einzubeziehen sind. Ein Bewertungsgutachten, das als Argumentationshilfe dem Käufer dienen soll, muss beispielsweise auf diesen Bewertungszeck ausgerichtet sein.[53] Wie bereits im Kapitel II3 über den Bewertungszweck darge-

---

[49] Vgl. BÖMELBURG, [Vorbereitung, 2005], S. 96.
[50] POPP, [Lageanalyse, 2005], S. 104.
[51] Vgl. PEEMÖLLER, [Werttheorien,2005], S. 3; anders: IDW, [IDW S1, 2001], S. 8.
[52] Wie etwa schneller Zugriff auf neue Märkte, Erlangung von Know How usw. Vgl. BECK, [Unternehmensbewertung, 1996], S. 118.
[53] Vgl. HÖLSCHER, [Unternehmensbewertung, 1998], S. 66 – 67.

stellt, ist deshalb die Beachtung des Zwecks und die Bereitstellung von Entscheidungswerten von ausschlaggebender Wichtigkeit.[54]

Grundsatz der Bewertungseinheit
Dieser Grundsatz bezieht sich auf die Bewertung eines Unternehmens als abstraktes Ganzes, wonach der Gesamtwert des fortbestehenden Unternehmens nicht der Summe der Einzelwerte entspricht.[55]

Grundsatz der Zukunftsbezogenheit
Ein potentieller Investor vergütet nur die Entwicklungen, welche ihm in Zukunft zufliesen werden (Erträge, Cashflows, Zahlungen). Die Bewertungsmethode muss also diese Erwartungshaltung in die Berechnung mit einfließen lassen.[56] Ein Verfahren das lediglich die Vergangenheit betrachtet ist daher für die Unternehmensbewertung nicht geeignet.

Berücksichtigung von Unsicherheiten
Die Unsicherheiten für die Zukunft müssen durch eine möglichst umfassende Einbeziehung von Chancen und Risiken aufgezeigt werden. Nur bei deren umfassender Berücksichtigung ist eine adäquate Bewertung der zukünftigen Gesamtsituation möglich.[57] Hierzu zählt insbesondere die Möglichkeit verschiedene Zukunftsszenarien abbilden zu können.

Anwendbarkeit und Nachvollziehbarkeit
Die gewählten Verfahren müssen leicht anwendbar und auch nachvollziehbar sein, weil sonst die Nutzung in der Praxis unterbleibt. Hierunter werden einerseits die Verständlichkeit des Berechnungsverfahrens und andererseits die Plausibilität der Datenherleitung verstanden.

---

[54] Vgl. PEEMÖLLER, [Grundsätze, 2005], S. 30.
[55] Vgl. IDW, [IDW S1, 2002], S. 8; BERNHARD, [Realoptionen, 2000], S. 19; HELBING, [Bewertung, 2005], S. 196.
[56] Vgl. PEEMÖLLER, [Werttheorien, 2005], S. 3.
[57] Vgl. PEEMÖLLER, [Werttheorien, 2005], S. 3.

III Übersicht der Bewertungsverfahren

Die Aufstellung einer Übersicht über die aktuell verwendeten Verfahren ist mit einer Reihe von Problemen behaftet. Dies liegt zum einen daran, dass sich viele Verfahren ähneln. Andererseits stellt sich die Frage, welche Verfahren derzeit in der Praxis eingesetzt werden.

Viele Verfahren sind eindeutig gleich und können zusammengefasst werden. Andere sind eindeutig verschieden, doch es gibt auch eine Vielzahl von Verfahren, welche ähnlich aber nicht identisch sind. Einige Verfahren mit gleichen Vorgehensweisen wurden aufgrund unterschiedlicher Gründe oder zeitgleich unabhängig von einander entwickelt. Wieder andere glichen sich im Laufe der Zeit an.[58] Insgesamt werden „– je nach Abgrenzung – ca. 150 Verfahren"[59] unterschieden. Unter Berücksichtigung aller Unterschiede und Gemeinsamkeiten lassen sich die Verfahren im Wesentlichen in die folgenden 3 Gruppen einteilen:

Einzelbewertungsverfahren	Gesamtbewertungsverfahren	Mischverfahren
• Substanzwertverfahren	• Ertragswertverfahren • DCF - Verfahren • Realoptionsverfahren • Vergleichsverfahren	• Mittelwertverfahren • Übergewinnverfahren • Stuttgarter Verfahren

Abbildung 5: Übersicht der Bewertungsverfahren[60]

Zunächst wird anhand von empirischen Untersuchungen die praktische Relevanz der einzelnen Verfahren beleuchtet, bevor sie anschließend detailliert dargestellt und beurteilt werden. Empirische Erhebungen der letzten 15 Jahre zeigen, welche Verfahren sich in der Praxis durchgesetzt haben und welche eine weiter steigende Bedeutung erwarten lassen.

---

[58] Vgl. HÖLSCHER, [Unternehmensbewertung, 1998], S. 41.
[59] HÖLSCHER, [Unternehmensbewertung, 1998], S. 43.
[60] Eine detaillierte Aufzählung findet sich in: HÖLSCHER, [Unternehmensbewertung, 1998], S. 307 – 326.

1 Gegenwärtig eingesetzte Verfahren

Dieses Kapitel soll die Frage klären, welche Verfahren die betriebliche Praxis gegenwärtig einsetzt. Hierzu werden im Kapitel III 1.1 empirische Erhebungen eingehender betrachtet, welche einen Schluss auf die Häufigkeit der Anwendung zulassen. Des Weiteren soll die Frage geklärt werden, ob es in den Branchen unterschiedliche Vorlieben gibt. Das Kapitel III 1.2 widmet sich im speziellen den großen Wirtschaftsprüfungsgesellschaften Ernst & Young, KPMG sowie PricewaterhouseCoopers und den von ihnen eingesetzten Verfahren. Am Ende findet in Kapitel III 1.3 eine Zusammenfassung der Erkenntnisse statt.

1.1 Empirische Untersuchungen

Um eine möglichst repräsentative Darstellung gewährleisten zu können, wurden mehrere Untersuchungen herangezogen. Dies umfasst die Umfragen von SUCKUT (1990), PEEMÖLLER (1993), BECK (1994), HOORMANN/LANGE-STICHTENOTH (1996), HANSMANN (2000), sowie speziell zur Anwendung des Realoptionsansatzes die Umfrage von PEEMÖLLER (2001). Außer bei der Umfrage von SUCKUT, bei der auch Unternehmen aus den USA beteiligt waren, wurden nur deutsche Unternehmen befragt.

Aufgrund unterschiedlicher Vorgehensweisen, verschiedenen Fragestellungen und Auswertekriterien ist ein 100 %er Vergleich der verschiedenen Umfragen nicht möglich.[61] Trotzdem soll versucht werden eine Aussage bezüglich der Anwendung einzelner Verfahren und eventueller Trends zu machen. Die folgende Tabelle soll einen Überblick über die meistgenutzten Verfahren und Kalkulationszinssätze in den Umfragen ermöglichen.

---

[61] Insbesondere die teilweise eingeräumte Möglichkeit der Mehrfachnennung macht einen direkten Vergleich der Anwendungshäufigkeit unmöglich.

	SUCKUT 1990	PEEMÖLLER 1993	BECK 1994	HOORMANN 1996	HANSMANN 2000
Dominierendes Bewertungs-Verfahren	Ertragswert	Ertragswert und DCF	Ertragswert und DCF	DCF	DCF
Verwendeter Kalkulations-Zinssatz	Fixer Hürdensatz	Landesüblicher Zinssatz plus Zuschlag	WACC	Landesüblicher Zinssatz plus Zuschlag	WACC

Abbildung 6: Veränderung des dominierenden Bewertungsverfahrens[62]

Wie zu erkennen ist, zeichnen die Studien ein eindeutiges Bild: Erfolgsorientierte Verfahren, wie das Ertragswertverfahren und das Discounted-Cashflow-Verfahren nehmen in Deutschland den höchsten Stellenwert ein.

Die Discounted-Cashflow-Verfahren haben im Laufe der 10 Jahre ständig an Bedeutung gewonnen. Betrug ihr Anteil 1990 noch 20 %[63], so stieg er 1993 auf 33%[64] und im Jahre 2000 auf 68 %[65]. Damit überholten die DCF-Verfahren bis zum Jahre 2000 die Ertragswertverfahren (mit 68% zu 32%), welche 1990 mit ca. 42 %[66] noch die meistgenutzten Verfahrensvarianten darstellten.[67]

Die marktorientierten Bewertungsverfahren wie die Multiplikatormethode und der Börsenwert nehmen eine untergeordnete Rolle ein. Obwohl sie recht häufig einge-

---

[62] Vgl. SUCKUT, [internationale Akquisition, 1992], S. 296; Vgl. PEEMÖLLER, [Unternehmensbewertung, 1994], S. 742; Vgl. BECK, [Unternehmensbewertung, 1996], S. 187; Vgl. HOORMANN/LANGE-STICHTENOTH, [Methoden, 1997], S. 5 – 6; Vgl. HANSMANN/KEHL, [Shareholder, 2000], S. 28.

[63] Mittelwert zwischen 15% Anteil bei inländischen bzw. 25% bei ausländischen Akquisitionen. Vgl. SUCKUT, [internationale Akquisition, 1992], S. 296.

[64] PEEMÖLLER, [Unternehmensbewertung, 1994], S. 742.

[65] Vgl. HANSMANN/KEHL, [Shareholder, 2000], S. 27.

[66] Mittelwert zwischen 47% Anteil bei inländischen bzw. 37% bei ausländischen Akquisitionen. Vgl. SUCKUT, [internationale Akquisition, 1992], S. 296.

[67] Interessant ist, dass in den USA bereits 1990 das DCF-Verfahren mit 51% das meistgenutzte Verfahren war. Vgl. SUCKUT, [internationale Akquisition, 1992], S. 280.

etzt werden, dienen sie hauptsächlich als Hilfsfunktion für erfolgsorientierte Verfahren bzw. zur Gewinnung erster Wertvorstellungen.[68]

Eine interessante Erkenntnis liefern die Umfragen auch zur Nutzung von Substanzwertverfahren. Ihre Nutzung ist in den Umfragen, welche eine Mehrfachnennung ausschließen, sehr gering (1990 = 11%, 1993 = 4%, 2000 = 6 %). Bei erlaubter Mehrfachnennung lagen sie bei ca. 59 % (1996), jedoch mit dem Hinweis, dass sie hauptsächlich als Hilfsfunktion für erfolgsorientierte Verfahren dienten.[69] Mischverfahren fanden innerhalb des untersuchten Zeitraums in deutschen Unternehmen fast keine Anwendung, lediglich das Stuttgarter Verfahren wurde aus steuerrechtlichen Gründen angewandt.[70]

Der in der jüngsten Literatur häufiger vertretene Realoptionsansatz scheint in der Praxis noch geringe Bedeutung zu genießen. Die Umfrage von PEEMÖLLER, welche sich explizit mit der aktuellen Anwendung dieses Verfahrens beschäftigt, kommt zur Erkenntnis, dass „deutsche Unternehmen den Realoptionsansatz sehr selten anwenden"[71]. Gleichzeitig wird seine zukünftige Entwicklung und Bedeutung relativ positiv eingeschätzt, jedoch mehr als Ergänzungsverfahren, denn als Standardbewertungsverfahren.[72]

Bei einer differenzierten Betrachtung nach anwendendem Unternehmenstyp fällt auf, dass Investmentbanken und Unternehmensberatungen bereits 1993 eine wesentlich höhere Nutzung der DCF-Verfahren, zu lasten der Ertragswertverfahren, aufweisen.[73] Die Wirtschaftsprüfungsgesellschaften nutzen dagegen fast ausschließlich das Ertragswertverfahren (80%).[74]

---

[68] Vgl. HOORMANN/LANGE-STICHTENOTH, [Methoden, 1997], S. 19 -20;
[69] Vgl. HOORMANN/LANGE-STICHTENOTH, [Methoden, 1997], S. 8 – 9.
[70] Der Anteil liegt bei PEEMÖLLER (1993) lediglich bei 1%. Nur der steuerberatende Berufsstand nutzt ihn häufiger. Vgl. PEEMÖLLER, [Unternehmensbewertung, 1994], S. 743.
[71] PEEMÖLLER, [Anwendung, 2002], S. 565.
[72] Vgl. PEEMÖLLER, [Anwendung, 2002], S. 565.
[73] Das Verhältnis lag 1993 bei 57 % zu 15% bzw. 46% zu 1%. Vgl. PEEMÖLLER, [Unternehmensbewertung, 1994], S. 743.
[74] Was auch darin begründet liegt, dass es ihnen durch das HFA 2/1983 nahe gelegt wird. Vgl. PEEMÖLLER, [Unternehmensbewertung, 1994], S. 743.

1.2 Wirtschaftsprüfungsgesellschaften

Nach Auswertung der unterschiedlichen empirischen Studien ist wegen der „Vorreiterrolle" des beratenden Berufsstandes in diesem Kapitel noch einmal speziell auf die Bewertungsdienstleistungen der Wirtschaftsprüfungsgesellschaften einzugehen. Die Erkenntnisse der Erhebungen bis 2000 sollen nicht einfach durch eine Trendextrapolation in die Zukunft fortgeschrieben werden, sondern durch die Anwendung der Verfahren in den drei großen Wirtschaftsprüfungsgesellschaften bestätigt bzw. widerlegt werden.

Die Wirtschaftsprüfungsgesellschaft Ernst & Young nutzt je nach Bewertungsanlass und Bewertungsobjekt verschiedene, jedoch mindestens 3 Bewertungsverfahren. Dies wird damit begründet, dass sich erstens erst im Laufe der Bewertung das geeignete Verfahren herauskristallisiert und zweitens die jeweils anderen Verfahren eine Interpretation des Unternehmenswertes zulassen. Einen festen Platz besitzen dabei DCF-Verfahren und Multiplikatorverfahren. Der Grundgedanke dabei ist die Abbildung unterschiedlicher Risikoeinschätzungen. Diese Daten werden dann bei Bedarf[75] durch die Nutzung des Realoptionsverfahrens weiter differenziert. Dadurch ist es dann möglich Differenzen zwischen DCF-Verfahren und Marktwert zu erklären, sowie Wertargumente zu generieren.[76]

KPMG setzt ebenfalls mehrere Verfahren ein, die je nach Bewertungsobjekt variieren können. Hierbei stellen DCF-Verfahren[77] zusammen mit Multiplikatorverfahren den Kern der angewendeten Verfahren dar. KPMG betont dabei, dass die Multiplikatorverfahren nicht nur „irgendein Hilfsinstrument"[78] darstellen. Der Vergleich der Ergebnisse zeigt vielmehr auf inwieweit die eigenen Annahmen mit den Erwartun-

---

[75] Dieser ergibt sich bei der Kombination hoher zu erwartender Investitionen, hoher Volatilität und hoher Optionalität. Vgl. BEER, [Bewertungsdienstleistungen, 2004], S. 198.

[76] Vgl. BEER, [Bewertungsdienstleistungen, 2004], S. 195 – 199.

[77] Hierbei kommen ein WACC-Ansatz, ein Equity-Ansatz und ein APV-Ansatz zur Anwendung, wobei der Equity-Ansatz als identisch mit der Ertragswertmethode bezeichnet wird. Vgl. BEER, [Bewertungsdienstleistungen, 2004], S. 204.

[78] BEER, [Bewertungsdienstleistungen, 2004], S. 204.

gen des Marktes übereinstimmen. Bei einer hohen Wertdynamik finden Entscheidungsbäume Anwendung, an deren Knotenpunkten jeweils DCF - Berechnungen durchgeführt werden. Realoptionsverfahren finden nur in sehr seltenen Fällen Anwendung.[79]

Ähnlich sieht es bei PricewaterhouseCoopers aus. Hier finden alle derzeit bekannten Bewertungsverfahren Anwendung, wobei ein deutlicher Schwerpunkt bei der Nutzung der DCF-Verfahren, sowie der Multiplikatorverfahren zu erkennen ist. Substanzwertverfahren werden lediglich für die Bewertung nichtbetriebsnotwendigen Vermögens und stiller Reserven angewandt und das Ertragswertverfahren findet nur bei „aktienrechtliche[n] Vorbehaltsaufgaben in Deutschland"[80] Verwendung. Für die strategische Entscheidungsunterstützung hat PWC das Real Option Valuation™ – Verfahren entwickelt. Hierbei handelt es sich um eine Entscheidungsbaumanalyse, welche der Realoptionstheorie folgt.[81]

1.3 Erkenntnisse aus der gegenwärtigen Anwendung

Zusammenfassend zeigt der Vergleich der empirischen Daten mit den von den drei großen Wirtschaftsprüfungsgesellschaften angewandten Verfahren:

1. Es gibt nicht das „richtige" Verfahren, vielmehr muss das Verfahren je nach Bewertungszweck und Bewertungsobjekt ausgesucht werden.

2. Insbesondere bei den WP-Gesellschaften wird deutlich, dass zur Unternehmensbewertung die Anwendung mehrerer Verfahren notwendig ist. Nur so können aussagefähige Informationen gewonnen werden.

3. Die DCF-Verfahren stellen die meistgenutzten Verfahren dar und verdrängen zunehmend das Ertragswertverfahren.

---

[79] Vgl. BEER, [Bewertungsdienstleistungen, 2004], S. 204 – 205.
[80] BEER, [Bewertungsdienstleistungen, 2004], S. 209.
[81] Vgl. BEER, [Bewertungsdienstleistungen, 2004], S. 210.

4. Substanzwertverfahren finden lediglich für spezielle Fragestellungen Anwendung.

5. Die Multiplikatorverfahren nehmen bei den WP-Gesellschaften einen vergleichsweise hohen Stellenwert ein und dienen häufig zur Erhärtung der, mithilfe der DCF-Verfahren gewonnenen, Erkenntnisse.

6. Realoptionsverfahren werden in der allgemeinen Praxis noch relativ selten genutzt. Unternehmensberater beschäftigen sich jedoch intensiver mit diesen Bewertungsverfahren, so dass eine zukünftig stärkere Nutzung zu erwarten ist.[82]

Nachdem nun die praktische Relevanz beleuchtet wurde, werden im Folgenden die Verfahren dargestellt.

2 Einzelbewertungsverfahren

Bei den Einzelbewertungsverfahren handelt es sich um Bewertungsmethoden, bei denen einzelne Vermögensgegenstände und Schulden isoliert bewertet werden.[83] Diese Betrachtungsweise unterscheidet sie von den Gesamtbewertungsverfahren, bei denen versucht wird, dass Unternehmen oder den Unternehmensbereich als Einheit zu bewerten.

2.1 Substanzwertverfahren

Als Substanzwert eines Unternehmens wird grundsätzlich die „Summe der mit ihren Wiederbeschaffungspreisen angesetzten Vermögensobjekten und Schulden"[84] bezeichnet. In der Literatur finden sich jedoch auch davon abweichend Definitionen, so dass sich unterschiedliche Verfahren herausgebildet haben.[85]
Unter der Voraussetzung der Fortführung des Unternehmens wird der Wiederbeschaffungspreis im Zeitpunkt des Unternehmerwechsels zugrunde gelegt, denn

---

[82] Vgl. PEEMÖLLER, [Realoptionsverfahren, 2002], S. 565.
[83] Vgl. SIEBEN/MALTRY, [Substanzwert, 2005], Sp. 801.
[84] MOXTER, [Rechnungslegung, 1983], S. 40.
[85] Vgl. HÖLSCHER, [Unternehmensbewertung, 1998], S. 319.

nach dieser Betrachtungsweise können alternativ alle Wertgegenstände neu erworben bzw. errichtet werden. Hierbei wird von den Reproduktionsverfahren gesprochen (Kapitel III 2.1.1). Anders sieht es unter der Annahme der Zerschlagung des Unternehmens aus. Hierbei fliest der Liquidationswert der Vermögensgegenstände in die Berechnung ein, d.h. die erzielbaren Einzelveräußerungspreise werden betrachtet (Kapitel III 2.1.2).[86]
Bei dem Sonderfall des Substanzwertes im Sinne ersparter Ausgaben handelt es sich dagegen um eine subjektive Wertgröße[87], da hierbei der Barwert der durch die Übernahme des zu bewertenden Unternehmens eingesparten Auszahlungen berechnet wird (Kapitel III 2.1.3).

2.1.1 Reproduktionswertverfahren

Dieses Verfahren entspricht der traditionellen Sichtweise. Hierbei wird der Betrag zugrunde gelegt, der bei einer Neuerrichtung auf der „grünen Wiese" notwendig wäre. Dabei wird bei vorhandenen Vermögensgegenständen das Alter durch den Abzug von Abschreibungen berücksichtigt.[88] Berücksichtigung finden jedoch nur betriebsnotwendige Vermögensgegenstände, die für die Erreichung des Sachziels unabdingbar sind.[89] Von diesem Betrag werden dann alle betriebsnotwendigen Schulden abgezogen, so dass sich folgendes Bild ergibt:

      Reproduktionswert des betriebsnotwendigen Vermögens
+   Liquidationswert des nichtbetrieblichen Vermögens
−   Schulden bei Fortführung des Unternehmens
_____
=   Substanzwert auf Basis von Reproduktionswerten

Abbildung 7: Berechnungsschema des Reproduktionswerts[90]

---

[86] Vgl. MANDL/RABEL, [Einführung, 2005], S. 79 - 80.
[87] Vgl. SIEBEN/MALTRY, [Substanzwert, 2005], S. 379 - 380.
[88] Vgl. MANDL/RABEL, Einführung, 2005], S. 80.
[89] In der Literatur wird dies nicht einheitlich gesehen, so dass teilweise auch nichtbetriebnotwendiges Vermögen mitberechnet wird. Vgl. HAYN, [junger Unternehmen, 2003], S. 77.
[90] Vgl. MANDL/RABEL, [Einführung, 2005], S. 80.

Je nachdem, ob nicht bilanzierungsfähige Vermögensgegenstände in die Bewertung einfließen, unterscheidet man den Teilreproduktionswert und den Vollreproduktionswert. Gemeint sind hierbei Werte wie selbst erstellte Marken- und Patentrechte, sowie Werte „der Organisation, des Standorts, der Kundenbeziehung oder der Qualität der Mitarbeiter"[91].

In der Praxis wird meist nur der Teilreproduktionswert ermittelt.[92] Dies lässt sich damit begründen, dass die Wertermittlung von immateriellen Gütern nur schwierig möglich ist.[93] Dies relativiert bei einer kritischen Betrachtung auch die Bedeutung des größten Vorteils dieses Verfahrens, „die Praktikabilität aufgrund der verhältnismäßig leichten und sicheren Anwendung, sowie die grundsätzlich objektive Nachprüfbarkeit durch die quantitative Abbildung"[94]. Des Weiteren birgt die Nutzung von Bilanzwerten Gefahren, da diese durch das Unternehmen beeinflusst und in die entsprechende Richtung manipuliert werden können.

Ein genau „identisches" Unternehmen neu zu errichten ist ebenfalls kaum realistisch, da dies auch den gleichen Kundenstamm usw. beinhalten müsste. Des Weiteren finden beim Teilreproduktionswert die Kosten für den Aufbau der Organisation, des Kunden- und Lieferantenstammes keinerlei Beachtung.

Aus diesen Gründen kann der Teilreproduktionswert keine Entscheidungsgrundlage für den Kauf oder Verkauf eines Unternehmens darstellen.[95] Unabhängig davon ist eine eingehende Beschäftigung mit der Substanz eines Unternehmens eine unabdingbare Voraussetzung, um beispielsweise den zukünftigen Investitionsbedarf sowie Risiken einschätzen zu können.[96]

---

[91] MANDL/RABEL, [Einführung, 2005], S. 80.
[92] Vgl. SCHULTZE, [Methoden, 2003], S. 153.
[93] Vgl. MANDL/RABEL, [Einführung, 2005], S. 81.
[94] HAYN, [junger Unternehmen, 2003], S. 79.
[95] Vgl. MANDL/RABEL, [Einführung, 2005], S. 81 - 82.
[96] Vgl. SCHULTZE, [Methoden, 2003], S. 153.

So werden dem Substanzwert dennoch einige Hilfsfunktionen zugeschrieben, welche in bestimmten Fällen von Bedeutung sind:[97]

- Berechnung von Grunddaten, welche von der Substanz abhängig sind (Abschreibungen, Zinsen usw.)
- Ermittlung von substanzabhängigen Ein- und Auszahlungsreihen (Reinvestitionen in die Substanz)
- Bewertung des nicht betriebsnotwendigen Vermögens

2.1.2 Liquidationswertverfahren

Im Falle der Auflösung eines Unternehmens ist nicht der Reproduktionswert von Bedeutung, sondern der Liquidationswert. Unter Liquidation versteht man die Zerschlagung eines Unternehmens, d. h. die Abwicklung bestehender rechtlicher Beziehungen und die Rückzahlung der Schulden. Der erzielte Liquidationserlös steht hierbei den Gesellschaftern zu.[98]

Von den erzielbaren Verwertungserlösen werden noch die durch Zerschlag verursachten Kosten, wie Kosten für die vorzeitige Auflösung von Dauerschuldverschreibungen, Sozialplanverpflichtungen und Kosten des Abwicklungsvorganges abgezogen.[99] Daraus ergibt sich folgendes Berechnungsschema:

	Liquidationswert des gesamten betrieblichen Vermögens
-	Bei Unternehmensauflösung zu bedeckende Schulden
=	Substanzwert auf Basis von Liquidationswerten

Abbildung 8: Berechnungsschema Liquidationswert[100]

Der Liquidationswert eines Unternehmens stellt für den rational handelnden Entscheidungsträger eine absolute Wertuntergrenze dar.[101] Zu beachten ist hierbei,

---

[97] Vgl. SCHULTZE, [Methoden, 2003], S. 154.
[98] Vgl. MANDL/RABEL, [Einführung, 2005], S. 82 - 83.
[99] Vgl. SIEBEN/MALTRY, [Substanzwert, 2005], S. 399; IDW, [WP-Handbuch, 2002], S. 126.
[100] Vgl. MANDL/RABEL, [Einführung, 2005], S. 83.

dass der Zerschlagungserlös unmittelbar von der „Auflösungsintensität (Einzelveräußerungsgrad) und der Auflösungsgeschwindigkeit"[102] abhängt. So kann er von dem reinen Zerschlagungswert bis hin zu dem ohne Zeitdruck zu realisierenden Veräußerungspreis reichen. Im Allgemeinen wird jedoch der Zerschlagungswert, zugrunde gelegt.[103]

2.1.3 Substanzwert im Sinne ersparter Ausgaben

Diese Interpretationsweise des Substanzwertes geht auf SIEBEN[104] zurück. Betrachtet werden hier weniger „objektive Marktzeitwerte"[105], wie sie der Rekonstruktions- bzw. Liquidationswert darstellen. Vielmehr interessiert einen Käufer die Möglichkeit, unter der Prämisse gleicher Zahlungsströme, eigene für eine Neugründung nötige Auszahlungen zu substituieren, d.h. zu vermindern oder ganz einzusparen.[106] Somit ist der Substanzwert im Sinne ersparter Ausgaben eine „Maßgröße für den Substitutionseffekt der vorhandenen Unternehmenssubstanz"[107]. Der Substanzwert im Sinne ersparter Ausgaben wird auch als am Ertragswert orientierter Substanzwert bezeichnet.[108]

Zur Berechnung werden zwei Zahlungsreihen verglichen, nämlich die Barwerte der Differenzen aus Einnahmen und Ausgaben des zu bewertenden, sowie des neu zu errichtenden Unternehmens. Ist die Differenz positiv, würde sich die Unternehmensübernahme lohnen, wäre sie negativ, würde eine Neugründung wirtschaftlich gesehen sinnvoller sein.[109]

---

[101] Vgl. KASPERZAK, [Methoden, 2004], S. 377.
[102] MANDL/RABEL, [Einführung, 2005], S. 83.
[103] Vgl. MANDL/RABEL, [Einführung, 2005], S. 83; In der Literatur findet sich auch die Bezeichnung „Break-Up-Wert". Vgl. SUCKUT, [internationale Akquisition, 1992], S. 107.
[104] Vgl. SIEBEN, [Substanzwert, 1963], S. 79.
[105] SIEBEN/MALTRY, [Substanzwert, 2005], S. 385.
[106] Vgl. SIEBEN/MALTRY, [Substanzwert, 2005], S. 385.
[107] SIEBEN, [Substanzwert, 1963], S. 79.
[108] Vgl. BECK, [Unternehmensbewertung, 1996], S. 113.
[109] Eine sehr detaillierte Betrachtung der Berechnung findet sich in SIEBEN/MALTRY, [Substanzwert, 2005], S. 386 – 397.

Dieses Verfahren fand insbesondere bei dem Verkauf und der Entflechtung von Volkseigenen Betrieben und Kombinaten in den neuen Bundesländern zu Beginn der 90er Jahre Anwendung. Dies resultierte aus der kaum zu prognostizierenden wirtschaftlichen Entwicklung, wodurch erfolgsorientierte Bewertungsverfahren kaum einsetzbar waren.[110]

Der Substanzwert im Sinne ersparter Ausgaben kann jedoch nicht alleine entscheidungsrelevante Informationen liefern. Vielmehr muss die Führung eines Unternehmens nach einem bestimmten Geschäftskonzept bereits feststehen. Erst dann kann der so ermittelte Substanzwert eine Entscheidungshilfe zwischen dem Kauf eines bestehenden Unternehmens oder einer Neuerrichtung darstellen.[111]

2.1.4 Beurteilung der Substanzwertverfahren

Die Substanzwertverfahren werden in der Praxis höchstens noch als Hilfsverfahren angewandt. Dies hängt mit den bereits genannten Mängeln zusammen. Dabei soll jedoch eins nicht verwechselt werden: „Irrelevant ist der Substanzwert, nicht jedoch die Substanz"[112] Um die Beurteilung der Unternehmensbewertungsverfahren vergleichbar zu machen, sollen die Substanzwertverfahren nun als erstes anhand der ausgearbeiteten Anforderung bewertet werden.

Das Substanzwertverfahren baut auf der objektiven Bewertungstheorie auf und blendet je nach Verfahrensvariante deshalb subjektive, das heißt käufer- bzw. verkäuferspezifische Gesichtspunkte aus. Damit findet auch der Bewertungszweck keinen Eingang in das Bewertungsverfahren. Da dies, wie in Kapitel II6 herausgearbeitet, entscheidend für die Nutzbarkeit des Verfahrens ist, wird dieser Punkt mit nicht erfüllt beurteilt. Gegen den Grundsatz der Bewertungseinheit verstoßen die Substanzwertungsverfahren ebenfalls, da zum Beispiel Maschinen nur in der Zusammenarbeit mit geschulten Mitarbeitern von Bedeutung sind. Auch dieser Punkt ist daher mit nicht erfüllt zu beurteilen.

Ein weiterer Verstoß betrifft den Grundsatz der Zukunftsbezogenheit. Ein Käufer interessiert sich für die Möglichkeit, mit dem Unternehmen eigene Ziele zu errei-

---

[110] Vgl. BECK, [Unternehmensbewertung, 1996], S. 113.
[111] Vgl. SIEBEN/MALTRY, [Substanzwert, 2005], S. 397 - 398.
[112] MANDL/RABEL, [Überblick, 2005], S. 82.

chen, nicht für vergangenheitsbezogene Daten.[113] Dies führt genauso zu einer nicht Erfüllung der Anforderungen wie die Ausblendung von Unsicherheiten. Wie bereits dargestellt, ist die leichte Anwendbarkeit und Nachvollziehbarkeit der eigentliche Vorteil dieser Verfahren. Jedoch treten auch hier Schätzprobleme auf, insbesondere bei dem Versuch einen Vollreproduktionswert zu bestimmen. Dies relativiert den Vorteil etwas und wird daher nur mit eher erfüllt bewertet.

3 Gesamtbewertungsverfahren

Wie bereits angesprochen, wird bei den Gesamtbewertungsverfahren das Unternehmen nicht in Einzelwerte aufgespalten und diese am Ende addiert, sondern das Unternehmen wird als eine Einheit betrachtet. Dieser Gedanke setzte sich, wie die empirischen Untersuchungen belegen, auch in Deutschland durch. Die folgende Abbildung zeigt die hierunter fallenden Verfahren:

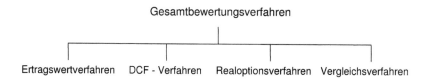

Abbildung 9: Übersicht der Gesamtbewertungsverfahren

Die Darstellung und Beurteilung der einzelnen Verfahren findet in den folgenden Kapiteln statt.

3.1 Ertragswertverfahren

Wie die empirischen Untersuchungen zeigten, waren die Ertragswertverfahren bis vor kurzem die in Deutschland am häufigsten eingesetzten Verfahren zur Unternehmenswertbestimmung. Um diesem Umstand gerecht werden zu können, werden die Ertragswertverfahren nun ausführlicher dargestellt.

---

[113] Vgl. BECK, [Unternehmensbewertung, 1996], S. 110.

3.1.1 Konzeption des Ertragswertverfahrens

Wie der Name bereits andeutet, wird bei den Ertragswertverfahren der Unternehmenswert durch die Diskontierung der dem Unternehmen in Zukunft zufliesenden Erträgen definiert. Die Berechnungsmethodik beruht dabei auf der Kapitalwertmethode der Investitionsrechnung.[114] Dazu findet ein Vergleich zwischen den zukünftigen Unternehmenserträgen und den Erträgen der besten Alternativanlage statt. Als Grundlage für die alternativen Erträge wird der Kalkulationszinsfuß verwendet. Dies setzt jedoch eine Vergleichbarkeit von Unternehmens- und Alternativerträgen voraus. Hierzu müssen insbesondere folgende Äquivalenzen bestehen:[115]

- Arbeitseinsatzäquivalenz
- Verfügbarkeitsäquivalenz
- Unsicherheitsäquivalenz
- Kaufkraftäquivalenz
- Planungshorizontäquivalenz

Sollten diese Übereinstimmungen nicht von vornherein vorliegen, so sind sie durch Anpassung der Unternehmenserträge bzw. der Alternativerträge herzustellen. Dies geschieht in der Praxis, indem beim Kapitalzinsfuß Zu- oder Abschläge vorgenommen werden.[116]

Um die Berechnungsweise anschaulich darzustellen wird erst einmal eine unendliche Unternehmensdauer unterstellt.[117] Die Formel für die Berechnung lautet demnach:

$$\text{Unternehmenswert} = \sum_{t=1}^{\infty} \frac{E_t}{(1+r)^t} + N_0$$

---

[114] BECK, [Unternehmensbewertung, 1996], S. 84.
[115] Vgl. KRAG/KASPERZAK, [Grundzüge, 2000], S. 36 - 37.
[116] Vgl. MANDL/RABEL, [Grundlagen, 2005], S. 52 - 53.
[117] Dies vereinfacht die spätere Berechnung ungemein, da weder Lebensdauer noch Liquidationswert ermittelt werden müssen. Dies ist jedoch nur dann richtig, wenn der Käufer nicht explizit die Liquidation plant.

Wird weiterhin unterstellt, dass keine nicht betriebsnotwendigen Vermögen vorhanden, sowie die Erträge der zufliesenden Perioden konstant sind, so vereinfacht sich die Formel auf die Barwertberechnung einer ewigen Rente:[118]

$$\text{Unternehmenswert} = \frac{E}{r}$$

Die Herausforderung bei der Wertbestimmung besteht nun darin, nicht die Jahresabschlüsse vergangener Jahre zugrunde zu legen, sondern zukünftige zu prognostizieren. Um eine wissenschaftlich fundierte Prognose abgeben zu können, muss eine gründliche Vergangenheitsanalyse durchgeführt werden. Diese ist für den derzeitigen Eigner natürlich leichter zu erstellen, als für einen potentiellen Käufer, da diesem in der Regel nur veröffentlichte Daten zur Verfügung stehen.[119]

Da die Erstellung einer die gesamte Lebensdauer des Unternehmens abdeckende Prognose praktisch unmöglich ist, schlägt das Institut der Wirtschaftsprüfer ein Phasenmodel mit einer abnehmenden Prognosegenauigkeit vor.[120] Hierbei handelt es sich um 2 Phasen, wobei die Erste den überschaubaren Zeitraum von 3-5 Jahren umfasst und damit den Planungshorizont erfasst. In dieser ersten Phase werden detaillierte Planungsrechnungen erstellt, wodurch die verschiedenen Einflussgrößen genau berücksichtigt werden können. In der zweiten Phase findet in der Regel eine pauschale Fortschreibung der Detailplanung der ersten Phase statt.[121]

Bei dieser Vorgehensweise ergibt sich folgende Berechnungsformel, welche aus Phase 1 und 2 sowie dem Liquidationserlös des nichtbetrieblichen Vermögens besteht:[122]

$$\text{Unternehmenswert} = \sum_{t=1}^{T} \frac{E_t}{1+r} + \frac{E}{(1+r)} + N_0$$

---

[118] Vgl. MANDL/RABEL, [Grundlagen, 2005], S. 52.

[119] Zur Problematik der daraus resultierenden Verzerrungen vgl. BALLWIESER, [Komplexitätsreduktion], S. 70 – 72.

[120] In der Literatur findet sich auch noch ein Dreiphasenmodell. Vgl. SUCKUT, [Akquisition, 1992], S. 38.

[121] Vgl. PEEMÖLLER/KUNOWSKI, [Ertragswertverfahren, 2005], S. 230.

[122] Vgl. MANDL/RABEL, [Überblick, 2005], S. 59.

Bei der Betrachtung der Formel stellt sich nun die Frage, wie der Ertragswert und der Kalkulationszinsfuß genau gebildet werden. Da sich in der Literatur dazu verschiedene Ansichten und Berechnungsmethoden finden, werden diese in den nun folgenden Kapiteln ausführlicher behandelt.

3.1.2 Bestimmung der Ertragsüberschüsse

Hierbei handelt es sich theoretisch um alle Beiträge, die dem Eigentümer zufließenden. Zur Vereinfachung werden jedoch nur monetäre Größen betrachtet und Faktoren wie Prestige, Macht und Selbständigkeit ausgeblendet. Entscheidungsrelevant sind also nur die Zahlungsströme, welche vom Unternehmen an die Eigentümer fließen.[123]

Wie bereits dargelegt, finden sich in der Literatur unterschiedliche Ertragswertverfahren. Diese können insbesondere in „zahlungsstromorientierte (cashfloworientierte) und periodenerfolgsorientierte Ertragswertverfahren"[124] unterteilt werden, wobei eine genaue Unterteilung folgende Abstufungen aufzeigt:

- Netto-Cashflows beim (potentiellen) Eigner
- Netto-Ausschüttungen aus dem Unternehmen
- Einzahlungsüberschüsse des Unternehmens
- Periodenerfolge des Unternehmens
- Residualgewinne des Unternehmens

Abbildung 10: Übersicht der gebräuchlichen Ertragsbegriffe[125]

In der jüngeren Literatur wird kein Zweifel daran geäußert, dass die Orientierung an künftigen Zahlungsströmen die theoretisch angemessene Berechnungsmethode darstellt. Um den Rahmen dieser Arbeit nicht zu sprengen, wird im Folgendem nur auf die Berechnungsmethode „Einzahlungsüberschüsse des Unternehmen"

---

[123] Hieraus ergibt sich bei der Bezeichnung Ertragswert eine definitorische Ungenauigkeit, da eigentlich Zahlungen und nicht Erträge betrachtet werden. Vgl. BECK, [Unternehmensbewertung, 1996], S. 84.
[124] MANDL/RABEL, [Überblick, 2005], S. 53.
[125] Vgl. MANDL/RABEL, [Überblick, 2005], S. 53.

detailliert eingegangen, sowie auf die davon abweichenden Besonderheiten der Berechnungsmethoden „Netto-Cashflows beim Eigner" und „Netto-Ausschüttung aus dem Unternehmen". Auf die Darstellung von Periodengewinn und Residualgewinn wird aus Platzgründen verzichtet.[126]

Um eine Komplexitätsreduktion zu erreichen, wird bei der Berechnungsmethode „Einzahlungsüberschüsse des Unternehmens" die Vollausschüttungshypothese[127], sowie die Nichtberücksichtigung von Steuerauswirkungen und Synergien zugrunde gelegt. Dies führt zu einer starken Vereinfachung und zu einer Konzentration auf das Unternehmen.[128] Bei Beachtung dieser Annahmen ergibt sich folgendes Schema, nachdem die Berechnung durchgeführt werden kann:

	Jahresüberschuss
+/-	Aufwendungen / Erträge aus Anlagenabgängen
+/-	Abschreibungen / Zuschreibungen
+/-	Veränderung langfristiger Rückstellungen
+/-	Bestimmte Veränderungen des Bestandes liquider Mittel
	(Abbau von Überbeständen/erforderlicher Aufbau)
+/-	Veränderungen des Netto-Umlaufvermögens
	(ohne liquide Mittel und kurzfristige Bankverbindlichkeiten)
=	Cashflow aus der Betriebstätigkeit
+/-	Cashflow aus der Investitionstätigkeit
+/-	Veränderung von (kurz- und langfristigen) Finanzierungsschulden
=	Einzahlungsüberschuss des Unternehmens

Abbildung 11: Berechnungsschema der Einzahlungsüberschüsse[129]

---

[126] Vgl. MANDL/RABEL, [Überblick, 2005], S. 53.

[127] D.h. es wird davon ausgegangen, dass alle Überschüsse an den Eigner ausgeschüttet werden. In der Praxis wird nur in seltenen Fällen davon abgewichen, zum Beispiel wenn eindeutige steuerliche Vorteile bei einer Thesaurierung entstehen. Vgl. hierzu PEEMÖLLER/KUNOWSKI, [Ertragswertverfahren, 2005], S. 217 – 218; SCHULTZE, [Methoden, 2003], S. 80 -81; KRAG/KASPERZAK, Grundzüge, 2000], S. 39.

[128] Vgl. MANDL/RABEL, [Überblick, 2005], S. 54 - 55.

[129] Vgl. MANDL/RABEL, [Überblick, 2005], S. 55.

Davon abweichend berücksichtigt die Berechnungsmethode der Netto-Cashflows im Besonderen die finanziellen Zu- und Abflüsse beim Eigner. Es werden also persönliche Besteuerung und externe Synergieeffekte[130] in die Berechnung mit einbezogen. Dies erfordert jedoch umfangreiche Planungen[131] auf der Ebene des Unternehmens sowie des Eigners.[132]

Bei der Berechnungsmethode der Netto-Ausschüttung aus dem Unternehmen wird ein typisierter Eigner zu Grunde gelegt, dass heißt es werden nur bereits eingeleitete Synergien des betrachteten Unternehmens berücksichtigt und keine externen. Des Weiteren werden häufig persönliche Steuerwirkungen[133] ausgeblendet und die Vollausschüttungshypothese unter Berücksichtigung handelsrechtlicher Restriktionen angenommen.[134]

Das Institut der Wirtschaftsprüfer unterscheidet seit der Überarbeitung ihrer Richtlinien 1998[135] bei der Bestimmung des Ertragswerts zwischen subjektivem und objektivem Unternehmenswert.

Der objektive Unternehmenswert kann aufgrund seiner Fokussierung auf einen typisierten Eigner als Ausprägung der Bewertungsmethode „Netto-Ausschüttungen aus dem Unternehmen" angesehen werden. Der subjektive Unternehmenswert betrachtet dahingehend explizit einen speziellen Eigner und entspricht daher der Berechnungsmethode „Netto-Cashflow beim Eigner".[136]

---

[130] Dies meint Synergien mit anderen Unternehmen des Eigners.

[131] U. a. Erfolgs- und Finanzplanungen, Planungen der künftigen Kapitalstruktur und der Ausschüttungspolitik mit Hinblick auf handelsrechtliche Ausschüttungsrestriktionen, sowie eine Abschätzung der persönlichen Steuerauswirkungen und mögliche Synergien beim Eigner.

[132] Vgl. MANDL/RABEL, [Überblick, 2005], S. 53 - 54.

[133] Das IDW legt einen typisierten Steuerersatz von 35% zugrunde. Vgl. PEEMÖLLER/KUNOWSKI, [Ertragswertverfahren, 2005], S. 221.

[134] Vgl. MANDL/RABEL, [Überblick, 2005], S. 54.

[135] Dabei fand die Ausarbeitung des IDW-Standards: Grundsätze zur Durchführung von Unternehmensbewertungen (IDW S1) statt. Aktueller Stand 28.06.2000. Vgl. IDW, [IDW S1, 2002], S. 3 - 4; PEEMÖLLER/KUNOWSKI, [Ertragswertverfahren, 2005], S. 207; SCHULTZE, [Methoden, 2003], S. 456.

[136] Vgl. MANDL/RABEL, Überblick, 2005], S. 57 -58.

3.1.3 Bestimmung des Kalkulationszinsfuß

Nachdem im vorigen Kapitel die Ermittlung des Ertragswerts dargestellt wurde, muss nun ein adäquater Kalkulationszinsfuß[137] bestimmt werden, mit dem die Zahlungsströme zur Bestimmung des Barwerts abgezinst werden können. Der Kalkulationszinsfuß dient dem Vergleich des Unternehmenserwerbs bzw. Unternehmensbeibehalts mit der günstigsten Handlungsalternative und gibt somit die Mindestrendite an. Das Institut der Wirtschaftsprüfer unterscheidet auch hierbei zwischen dem Kalkulationszinssatz für subjektive und objektive Unternehmenswerte.

Bei der Berechnung des subjektiven Unternehmenswerts richtet sich die Berechnung nach den individuellen Renditeerwartungen und Risikoeinschätzungen des Investors. Hierzu werden in der Praxis meistens individuelle Hurdle Rates, Durchschnittsrenditen branchengleicher Unternehmen und Zinssätze von ablösbaren Krediten als Vergleichsmaßstab genutzt[138], welche dann durch einen Risikozuschlag angepasst werden, um die Risikoäquivalenz herzustellen.[139]

Die Ermittlung des Kalkulationszinsfußes für objektivierte Unternehmenswerte erfolgt dahingegen, indem zuerst ein Basiszinssatz[140] bestimmt und dieser dann ebenfalls um einen Risikozuschlag erhöht wird. Damit auch hier die Steuerauswirkungen berücksichtigt werden, wird ein typisierter Ertragsteuersatz abgezogen. Um dem Phasenmodell gerecht zu werden, wird in der zweiten Phase ein Wachstums- bzw. Inflationsabschlag vorgenommen.

---

[137] In der Literatur wird auch vom Kapitalisierungszinssatz gesprochen. Vgl. PEEMÖLLER/KUNOWSKI, [Ertragswertverfahren, 2005], S. 236; SCHULTZE, [METHODEN, 2003], S. 476.

[138] Vgl. PEEMÖLLER/KUNOWSKI, [Ertragswertverfahren, 2005], S. 241; SCHULTZE, [Methoden, 2003], S. 476.

[139] Vgl. SCHULTZE, [Methoden, 2003], S. 476.

[140] Weiterführende Informationen zur Bestimmung des Basiszinses finden sich in: BALLWIESER, [Zins, 2003], S. 21 – 35.

Daraus ergibt sich dann folgendes Berechnungsschema:

Phase 1	Phase 2
Basiszinssatz	Basiszinssatz
+ Risikozuschlag	+ Risikozuschlag
− Ertragssteuersatz (typisiert)	− Ertragssteuersatz (typisiert)
= Kalkulationszinsfuss	= Kalkulationszinsfuss vor Wachstumsannahmen
	− Wachstums- bzw. Inflationsabschlag
	= Kalkulationszinsfuss

Abbildung 12: Kalkulationszinsfußberechnung[141]

Zur Bestimmung des Basiszinssatzes wird regelmäßig auf den landesüblichen Zinssatz zurückgegriffen, welcher in der Regel die Rendite öffentlicher Anleihen widerspiegelt.[142] Durch die Einbeziehung des Risikozuschlags soll der Unsicherheit der Entwicklung der zukünftigen Überschüsse Rechnung getragen werden. Die genaue Bestimmung der Höhe ist in der Praxis recht schwierig, aufgrund empirischer Untersuchungen der Vergangenheit werden für Deutschland 5% bis 6% vorgeschlagen.[143] Das Institut der Wirtschaftsprüfer weist im IDW S1 explizit auch auf die Bestimmung des Kalkulationszinsfusses mithilfe des Capital Asset Pricing Model[144] hin. Für die Berechnung des Kalkulationszinsfußes der Phase 2 wird noch die Geldwertänderung durch Beachtung der Inflation einbezogen. Da die Kaufkraftentwicklung jedoch bereits im landesüblichen Zinssatz abgebildet ist, entfällt diese Berechnung meist in Zeiten schwacher Inflation.[145]

---

[141] Vgl. PEEMÖLLER/KUNOWSKI, [Ertragswertverfahren, 2005], S. 237.
[142] Vgl. KRAG/KASPERZAK, [Grundzüge, 2000], S. 56; SCHULTZE, [Methoden, 2003], S. 476.
[143] Vgl. PEEMÖLLER/KUNOWSKI, [Ertragswertverfahren, 2005], S. 239; Obwohl die Rechtsprechung selten mehr als 2-3% akzeptiert. Vgl. hierzu PILTZ, [Rechtsprechung, 2005], S. 790.
[144] Ausführliche Informationen zu diesem Themenbereich finden sich in: UZIK, [CAPM, 2004].
[145] Vgl. PEEMÖLLER/KUNOWSKI, [Ertragswertverfahren, 2005], S. 240.

3.1.4 Beurteilung der Ertragswertverfahren

Bei den Ertragswertverfahren handelt es sich um entscheidungsorientierte Bewertungsverfahren, welche auf die individuellen Zielvorstellungen und Rahmenbedingungen des Bewertungssubjekts aufbauen. Aus diesem Grund wird es auch als „individualistischer Ansatz" bezeichnet.[146]

Die Berücksichtigung des Bewertungszwecks ist gemäß dem aufgestellten Anforderungskatalogs zuerst zu überprüfen. Durch die Einbeziehung von subjektiven Zielen und Handlungsmöglichkeiten in die Berechnung und der Ermittlung von Entscheidungswerten ist dieser Bewertungspunkt mit erfüllt zu beurteilen.

Bei dieser Berechnung wird das Unternehmen als Ganzes betrachtet und nicht als Summe seiner Einzelwerte, der Grundsatz der Bewertungseinheit ist somit ebenfalls erfüllt. Des Weiteren werden die Überschussgrößen und der Kalkulationszinsfuß aus Prognosen der zukünftigen Entwicklung gewonnen und nicht aus vergangenheitsbezogenen Werten, was dem Grundsatz der Zukunftsbezogenheit entspricht.

Die individuellen Unsicherheiten, die mit dem Bewertungsprozess verbunden sind, finden ebenfalls Berücksichtigung, beispielsweise beim Risikozuschlag. Unsicherheiten, die mit strategisch motivierten Akquisitionen verbunden sind, können jedoch teilweise nicht richtig erfasst werden, da die Auswirkungen häufig erst zu einem späten Zeitpunkt eintreten.[147] Aus diesem Grund wird dieser Punkt mit eher erfüllt bewertet. Als letztes bleibt auch hier die Anwendbarkeit und Nachvollziehbarkeit zu prüfen. Aufgrund der Datengewinnung aus Prognosen sind die Basisdaten natürlich nicht so leicht nachvollziehbar wie bei vergangenheitsorientierten, feststehenden Daten. Bei der Nutzung wissenschaftlicher Methoden und umfangreicher Planungen lassen sich aber relativ gut nachvollziehbare Daten gewinnen, welche nicht der Willkür der Bewerter unterliegen. Daher wird dieser Bewertungspunkt mit eher erfüllt bewertet.

---

[146] Vgl. KRAG/KASPERZAK, [Grundzüge, 2000], S. 29.
[147] Vgl. SIEBEN/DIEDRICH, [Aspekte, 1990], S. 975 - 800.

3.2 Discounted-Cashflow-Verfahren

Die Discounted Cashflow Verfahren sind mittlerweile die am häufigsten angewandten Unternehmensbewertungsverfahren in Deutschland.[148] In den USA, woher sie stammen, waren sie das schon immer. Selbst das Institut der Wirtschaftsprüfer erkannte diese Verfahren im neuen Standard IDW S1 ausdrücklich als geeignetes Bewertungsverfahren an.[149]

Die Discounted Cashflow Verfahren beruhen auf den modernen, hauptsächlich von amerikanischen Wissenschaftlern entwickelten, Finanzierungs- bzw. Kapitalmarktgleichgewichtstheorien. Darin spielt die Bewertung von Zahlungsströmen eine zentrale Bedeutung.[150] So versuchen auch die DCF-Verfahren die Unternehmensbewertung durch Diskontierung von zukünftigen Cashflows zu ermitteln. Hierbei lassen sich die in der folgenden Abbildung dargestellten vier Varianten unterscheiden:[151]

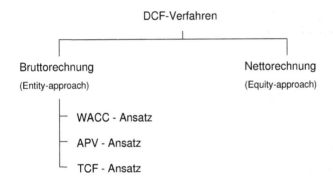

Abbildung 13: Ausprägungen der DCF-Verfahren

---

[148] Vgl. Kapitel III1:Gegenwärtig eingesetzte Verfahren.
[149] Vgl. IDW, [IDW S1], S. 30; KRAG/KASPERZAK, [Grundzüge, 2000], S. 84.
[150] Vgl. KRAG/KASPERZAK, [Grundzüge, 2000], S. 83.
[151] Vgl. DRUKARCZYK, [Unternehmensbewertung, 2003], S. 200; BAETGE/NIEMEYER/KÜMMEL, [DCF-Verfahren, 2005], S. 268.

Die DCF-Verfahren basieren, ebenso wie die Ertragswertverfahren, auf dem Barwertkalkül. Die verschiedenen Varianten unterscheiden sich insbesondere hinsichtlich „der Abgrenzung der zu diskontierenden Cashflows, der zu verwendenden Kalkulationszinsfüße und der Berücksichtigung von Änderungen der Kapitalstruktur im Zeitablauf".[152] Der Unternehmenswert entspricht bei allen vier Varianten dem Marktwert des Eigenkapitals. Der WACC – Ansatz ist der in Deutschland am häufigsten anzutreffende.[153] Aus diesem Grund wird er ausführlicher dargestellt und bei den anderen Verfahren hauptsächlich die Unterschiede zu diesem Ansatz herausgearbeitet.

3.2.1 Entity – Ansätze (Bruttorechnung)

Bei der Berechnung der Bruttokapitalisierung wird der Unternehmenswert in zwei Schritten berechnet. Zuerst wird der Marktwert des Gesamtkapitals bestimmt. Danach wird der Wert des Eigenkapitals bestimmt, indem der Wert des Fremdkapitals von dem des Gesamtkapitals subtrahiert wird. Die drei Ansätze unterscheiden sich insbesondere bei der Berücksichtigung der Steuerersparnisse, welche aus einer teilweisen Fremdfinanzierung resultieren.[154] Gemeinsam ist allen drei Ansätzen die Bestimmung der operativen Einzahlungsüberschüsse.[155] Diese ergeben sich wie in der folgenden Abbildung dargestellt:

	Gewinn vor Steuern und Zinsen
-	Unternehmenssteuern
+/-	Abschreibungen/Zuschreibungen
+/-	Erhöhung/Verminderung der Rückstellungen
+/-	Erhöhung/Verminderung des Working Capital
+/-	Investition/Desinvestition
=	Operativer Einzahlungsüberschuss

Abbildung 14: Berechnungsschema operativer Cashflows[156]

---

[152] BAETGE/NIEMEYER/KÜMMEL, [DCF-Verfahren, 2005], S. 269.

[153] Vgl. HANSMANN/KEHL, [Shareholder, 2000], S. 32.

[154] Vgl. BAETGE/NIEMEYER/KÜMMEL, [DCF-Verfahren, 2005], S. 271.

[155] „Operativ", da die Überschüsse nicht durch zu zahlende Fremdkapitalzinsen, -tilgungen oder -aufnahmen beeinflusst werden.

[156] BAETGE/NIEMEYER/KÜMMEL, [DCF-Verfahren, 2005], S. 271.

Aufgrund der Minderung der Steuerbemessungsgrundlage durch Zinsen auf Fremdkapital, ist die Bestimmung des operativen Einzahlungsüberschusses nicht unabhängig von der Finanzierung des Unternehmens. Denn ein teilweise mit Fremdkapital finanziertes Unternehmen hat im Vergleich mit einem identischen, vollständig mit Eigenkapital finanzierten Unternehmen eine um die Zinsen geminderte Bemessungsgrundlage. Diese Steuerersparnis wird auch als Tax Shield bezeichnet. Bei dem WACC - und APV - Ansatz wird der Free Cashflow zugrunde gelegt, d.h. es wird ein vollständig eigenfinanziertes Unternehmen angenommen und das Tax Shield bleibt unbeachtet.[157] Im Gegensatz dazu werden beim TCF - Ansatz die Total Cashflows betrachtet, dass heißt die Unternehmenssteuerersparnisse finden bei der Berechnung Berücksichtigung.[158]

3.2.1.1 WACC – Ansatz

Bei diesem Ansatz werden die gewogenen durchschnittlichen Kapitalkosten zur Berechnung des Marktwerts des Gesamtkapitals herangezogen. Dieser Ansatz ist das in der Praxis am häufigsten anzutreffende DCF-Verfahren.[159] Hierbei wird im ersten Berechnungsschritt der Marktwert des Gesamtkapitals folgendermaßen ermittelt:[160]

$$GK^{MW} = \sum_{t=1}^{\infty} \frac{FCF_t}{(1+k_{wacc})^t}$$

Für die Berechnung müssen die gewogenen durchschnittlichen Kapitalkosten ermittelt werden. Dazu werden die risikoäquivalenten Renditeforderungen von Fremd- und Eigenkapital entsprechend der jeweiligen Kapitalquote gewichtet.[161]

---

[157] Vgl. BAETGE/NIEMEYER/KÜMMEL, [DCF-Verfahren, 2005], S. 271 - 272.

[158] In der Literatur auch als WACC – Ansatz mit Total Cashflows bezeichnet Vgl. MANDL/RABEL, [Überblick, 2005], S. 69.

[159] Vgl. Abbildung 6; MANDL/RABEL, [Überblick, 2005], S. 64.

[160] Vgl. BAETGE/NIEMEYER/KÜMMEL, [DCF-Verfahren, 2005], S. 273.

[161] Hierbei stellt sich ein Zirkularitätsproblem, da die Marktpreise von Eigen- und Fremdkapital bekannt sein müssen und gleichzeitig der Marktwert des Eigenkapitals das gesuchte Ergebnis ist. In der Literatur finden sich hierzu verschieden Lösungsansätze, auf welche aus Platzgrün-

Die risikoäquivalente Renditeforderung der Eigenkapitalgeber wird in der Regel durch das kapitalmarkttheoretische Modell des Capital Asset Pricing Model bestimmt. Dabei setzt sich die Renditeerwartung für ein risikobehaftetes Investment aus der Summe von risikolosem Zinssatz und einer Risikoprämie für jede übernommene Einheit systematischem Risiko zusammen.[162] Außerdem findet sich in der Literatur dazu die Arbitrage Pricing Theorie (APT).[163] Für die Berechnung des gewogenen Kapitalkostensatzes wird vereinfachend ein konstanter Verschuldungsgrad zugrunde gelegt.[164] Es findet hierzu die folgende Formel Anwendung:[165]

$$k_{WACC} = r(FK) \times (1-s) \times \frac{FK}{GK} + r(EK)_v \times \frac{EK}{GK}$$

In einem zweiten Schritt wird dann der Marktwert des Fremdkapitals bestimmt, welcher sich aus dem Barwert der erwarteten Zuflüsse an die Fremdkapitalgeber ergibt:[166]

$$FK^{MW} = \sum_{t=1}^{\infty} \frac{CF_t^{FK}}{(1+r(FK))^t}$$

---

den nicht weiter eingegangen werden kann. Vgl. BAETGE/NIEMEYER/KÜMMEL, [DCF-Verfahren, 2005], S. 305 - 306.

[162] Das unsystematische Risiko wird durch den Kapitalmarkt nicht vergütet, da es durch Diversifizierung ausgeschaltet werden kann. Vgl. KRAG/KASPERZAK, [Grundzüge, 2000], S. 91 – 92.

[163] Da diese kaum praktische Relevanz hat, wird sie hier nicht weiter dargestellt und angewandt. Vgl. HANSMANN/KEHL, [Shareholder, 2000], S. 33.

[164] Es sind unterschiedliche Finanzierungsstrategien möglich (autonome oder unternehmensorientierte), welche dann Einfluss auf die Berechnung des WACC haben. Weiterführende Informationen dazu in: BAETGE/NIEMEYER/KÜMMEL, [DCF-Verfahren, 2005], S. 306 – 309.

[165] Vgl. MANDL/RABEL, [Überblick, 2005], S. 65.

[166] Die hierbei gesetzten Prämissen finden sich in: BAETGE/NIEMEYER/KÜMMEL, [DCF-Verfahren, 2005], S. 274.

Als letztes wird nun der Marktwert des Eigenkapitals ermittelt, indem der Marktwert des Fremdkapitals von dem Marktwert des Gesamtkapitals subtrahiert wird.[167] Dies lässt sich in der folgenden Formel abbilden:

$$EK^{MW} = GK^{MW} - FK^{MW}$$

Als Ergebnis erhält man den Wert des Eigenkapitals, der die interessante Größe für einen potentiellen Investor darstellt.

3.2.1.2 APV – Ansatz

Der Adjusted Present Value Ansatz unterscheidet sich vom WACC – Ansatz dahingehen, dass die Finanzierungsstruktur nicht sofort durch die gewogenen durchschnittlichen Kapitalkosten in die Berechnung einfließt, sondern zuerst ein unverschuldetes Unternehmen zugrunde gelegt wird und erst später das Tax Shield einberechnet wird.[168]

Dazu wird in einem ersten Schritt der Marktwert des als unverschuldet angenommenen Unternehmen ermittelt. Hierzu werden die Free Cashflows mit der risikoäquivalenten Renditeforderung der Eigenkapitalgeber bei reiner Eigenfinanzierung diskontiert. Formal sieht das folgendermaßen aus.[169]

$$EK^{MWu} = \sum_{t=1}^{\infty} \frac{FCF_t^u}{(1+r(EK)_u)^t}$$

Um die teilweise Fremdfinanzierung zu berücksichtigen, werden zum Marktwert des Eigenkapitals des unverschuldeten Unternehmens, dass mit den Fremdkapitalkostensatz diskontierte Tax Shield addiert. Dadurch ergibt sich der Marktwert des Gesamtkapitals. In einem zweiten Schritt wird nun der Marktwert des Fremd-

---

[167] Vgl. MANDL/RABEL, [Überblick, 2005], S. 66.
[168] Vgl. KRAG/KASPERZAK, [Grundzüge, 2000], S. 99.
[169] Vgl. BAETGE/NIEMEYER/KÜMMEL, [DCF-Verfahren, 2005], S. 275.

kapitals vom Marktwert des Gesamtkapitals subtrahiert und man erhält den gesuchten Marktwert des Eigenkapitals.

Der kritische Punkt bei dieser Berechnungsmethode ist die, meistens unbekannte, risikoäquivalente Renditeforderung der Eigenkapitalgeber für das unverschuldete Unternehmen.[170]

3.2.1.3 TCF – Ansatz

Der Total Cashflow Ansatz ähnelt sehr stark dem WACC – Ansatz, er wird jedoch in der Praxis eher selten angewandt. Der Unterschied liegt darin, dass im Gegensatz zum Free Cashflow der Total Cashflow das Tax Shield bereits berücksichtigt. Das heißt die erwarteten Unternehmensteuerersparnisse durch die teilweise Fremdfinanzierung sind im Total Cashflow enthalten. Der Marktwert des Gesamtkapitals ergibt sich daher folgendermaßen:[171]

$$GK^{MW} = \sum_{t=1}^{\infty} \frac{TCF_t}{(1+k_{TCF})^t}$$

Die gewogenen Kapitalkosten unterscheiden sich dahingehend von den gewogenen durchschnittlichen Kapitalkosten des WACC – Ansatzes, dass das Tax Shield keine Minderung der Fremdkapitalkosten bewirkt.[172] Es ergibt sich daher folgende Berechnungsformel:[173]

$$k_{TCF} = r(FK) \frac{FK^{MW}}{GK^{MW}} + r(EK) \frac{EK^{MW}}{GK^{MW}}$$

---

[170] Dies hängt mit der sich verändernden Renditeerwartung der Eigenkapitalgeber bei sich verändernder Finanzierungsstruktur zusammen (steigende Fremdfinanzierung →steigendes Risiko →steigende Renditeforderungen). Vgl. BAETGE/NIEMEYER/KÜMMEL, [DCF-Verfahren, 2005], S. 309.

[171] Vgl. BAETGE/NIEMEYER/KÜMMEL, [DCF-Verfahren, 2005], S. 274

[172] Vgl. BAETGE/NIEMEYER/KÜMMEL, [DCF-Verfahren, 2005], S. 274 - 275.

[173] Vgl. MANDL/RABEL, [Überblick, 2005], S. 69.

Der zweite Schritt entspricht dem des WACC – Ansatzes. Der Marktwert des Eigenkapitals wird durch die Subtraktion des Marktwertes des Fremdkapitals vom Marktwert des Gesamtkapitals ermittelt.[174]

3.2.2 Equity – Ansatz (Nettorechnung)

Dieser Ansatz beruht als einziger auf der Nettokapitalisierung, das heißt der Marktwert des Eigenkapitals wird direkt ermittelt, indem die zukünftig zufließenden Cashflows bei den Eigentümern mit deren risikoäquivalenten Renditeforderungen diskontiert werden. Die in Deutschland angewandte Verfahrensweise wird häufig dem Ertragswertverfahren gleichgesetzt. Der Unterschied zwischen beiden besteht darin, dass der Equity – Ansatz die Renditeerwartungen mithilfe von kapitalmarkttheoretischen Modellen (CAPM) ermittelt, während das Ertragswertverfahren in der Regel auf die Rendite der besten Alternativanlage abstellt.[175] Der Marktwert des Eigenkapitals und damit der Wert des Unternehmens ergibt sich daher aus dem folgenden Berechnungsschema:[176]

$$EK^{MW} = \sum_{t=1}^{\infty} \frac{CF_t^{EK}}{(1+r(EK)_v)^t}$$

3.2.3 Beurteilung der DCF-Verfahren

Bei der Wahl der anzuwendenden Variante der DCF – Verfahren müssen bestimmte Anwendungsvoraussetzungen beachtet werden, die ihre Nutzung einschränken können. Insbesondere die unterstellte Finanzierungspolitik hat einen Einfluss. So kann entweder eine Zielkapitalstruktur (unternehmenswertabhängige Finanzierungspolitik) oder der Fremdkapitalbestand (autonome Finanzierungspolitik) festgelegt werden. Beim ersteren eignet sich der WACC - Ansatz, beim zweiten eher der APV – Ansatz.[177] Des Weiteren muss jeweils beachtet werden, welche Informationen dem Bewerter vorliegen, da sonst Varianten von vornherein

---

[174] Vgl. BAETGE/NIEMEYER/KÜMMEL, [DCF-Verfahren, 2005], S. 275.
[175] Vgl. hierzu Kapitel III3.1.3: Bestimmung des Kalkulationszinsfuß.
[176] Vgl. BAETGE/NIEMEYER/KÜMMEL, [DCF-Verfahren, 2005], S. 276 - 277.
[177] Vgl. KRAG/KASPERZAK, [Grundzüge, 2000], S. 97 – 98; MANDL/RABEL, [Überblick, 2005], S. 72.

ausscheiden können.[178] Die Frage nach den Unterschieden zwischen den DCF - Verfahren und den Ertragswertverfahren lässt sich folgendermaßen beantworten: „Bei identischen und implizite[n] Prämissen [...] ergibt sich nach allen DCF-Verfahren und nach der Ertragswertmethode ein und derselbe Unternehmenswert"[179].

Da die risikoäquivalenten Renditeforderungen zur Diskontierung von Marktdaten abgeleitet werden müssen, kann es in Deutschland diesbezüglich insbesondere bei kleinen und mittleren Unternehmen zu Problemen kommen, da nur ein geringer Teil börsennotiert ist.[180]

Bei der Ausrichtung des Bewertungsvorgangs auf den Bewertungszweck lässt sich folgendes feststellen: Während die Cashflowberechnung auf der zweckabhängigen Unternehmensstrategie aufbaut, findet die Kapitalkostenberechnung, insbesondere die Risikoadjustierung, idealtypisch aufgrund von marktbezogenen Größen statt. Darin liegt auch der entscheidende Unterschied zum Ertragswertverfahren. Die Beachtung des Bewertungszwecks wird daher mit erfüllt bewertet. Aufgrund der Heranziehung von Cashflows findet die Bewertung der Unternehmenseinheit als Ganzes statt, so dass auch dieser Punkt erfüllt wird.

Der dritte Punkt ist die Zukunftsbezogenheit des Bewertungsverfahrens. Da die Zahlungsströme für die Zukunft prognostiziert werden und keine reine Trendextrapolation vorliegt, ist dieser Punkt ebenfalls erfüllt. Durch die differenzierte Bestimmung der Zahlungsströme findet eine detaillierte Unternehmensbetrachtung statt, welche Unsicherheiten des Unternehmens aufzudecken hilft. Wie bei den Ertragswertverfahren können jedoch auch hierbei bestimmte langfristige Auswirkun-

---

[178] Sind beispielsweise die Renditeforderungen der Eigenkapitalgeber für ein unverschuldetes Unternehmen nicht bekannt und lassen sie sich auch nicht einfach ermitteln, ist die Nutzung des APV – Ansatzes nahezu ausgeschlossen. Vgl. KRUSCHWITZ/LÖFFLER, [DCF, 2003], S. 251.

[179] BALLWIESER, [DCF-Verfahren, 1998], S. 82. Abweichungen sind häufig die Folge von Vereinfachungen.

[180] Dies wird durch die Nutzung eines β-Faktors durch das CAPM bedingt, welcher bei nur wenigen börsennotierten Unternehmen schwer zu bestimmen ist. Außerdem sind dann die Prämisse des Fehlens von Transaktionskosten, sowie die längere Reaktionszeit bei Renditeänderungen problematisch. Vgl. REHKUGLER, [Unternehmensgröße, 1989], S. 404.

gen nicht vollständig berücksichtigt werden, so dass es nicht ganz für die vollständige Erfüllung der Anforderung reicht.[181]

Die verschiedenen Ausprägungen der DCF - Verfahren sind in der Theorie ausführlich behandelt und werden in der Praxis, insbesondere in den USA, sehr häufig angewandt. Dies geschieht auch aufgrund der relativ einfachen Anwendbarkeit[182] und der damit verbundenen einfachen Nachvollziehbarkeit auf Seiten von Verhandlungspartnern oder Dritten.[183] Aufgrund der Verwendung von Prognosen und der damit verbundenen Unsicherheit in Bezug auf die Datenherleitung, gibt es auch bei diesen Verfahren, ebenso wie bei den Ertragswertverfahren, für die Nachvollziehbarkeit nur ein eher erfüllt.

3.3 Realoptionsverfahren

Wie im empirischen Teil dargestellt, finden die Realoptionsverfahren in der allgemeinen Praxis bisher eher selten Anwendung. Die häufige Nutzung bei den Unternehmensberatungsgesellschaften und andere Hinweise in der jüngeren Literatur legen jedoch nahe, dass dieses Verfahren in Zukunft häufiger Anwendung finden wird.[184] Die Bewertung von Realoptionen basiert auf der finanzwirtschaftlichen Optionspreistheorie.[185] Hierbei werden der Binomialansatz nach COX/ROSS/RUBINSTEIN, sowie das Modell von BLACK/SCHOLES unterschieden. Eine ausführliche Darstellung der Optionspreistheorie muss an dieser Stelle aus Platzgründen unterbleiben.[186] Beide Modelle ähneln sich stark, jedoch eignet sich der Binomialansatz für die Unternehmenswertberechnungen besser.[187]

---

[181] Dieses ist auch einer der Hauptargumente zur Nutzung des Realoptionsansatzes.

[182] Entsprechend den jeweiligen Anwendungsvoraussetzungen der einzelnen Varianten. Vgl. KRAG/KASPERZAK, [Grundzüge, 2000], S. 96 – 98; MANDL/RABEL, [Überblick, 2005], S. 72.

[183] Beispielsweise bei Analystenempfehlungen zu Aktien, IPO usw. Dies insbesondere bei der Argumentationsfunktion durch die marktbezogene Risikoadjustierung.

[184] Vgl. PEEMÖLLER, [Realoptionsverfahren, 2002], S. 565.

[185] Vgl. KRAG/KASPERZAK, [Grundzüge, 2000], S.116.

[186] Der interessierte Leser findet weitergehende Informationen u. a. in: PEEMÖLLER/BECKMANN, [Realoptionsansatz, 2005], S. 799 – 804. Ein Standardwerk zu diesem Thema ist HULL, [Optionen, 2001].

[187] Vgl. PEEMÖLLER/BECKMANN, [Realoptionsansatz, 2005], S. 805 – 807.

3.3.1 Darstellung des Realoptionsverfahrens

Das Realoptionsverfahren versucht die späteren Handlungsmöglichkeiten des Managements[188] in die Bewertung des Unternehmens einfließen zu lassen. Das Fehlen dieser Möglichkeit ist ein entscheidender Schwachpunkt der Ertragswert- und DCF – Verfahren. Ertragswert- und DCF-Verfahren gehen davon aus, dass in der Zukunft eintreffende Informationen keinen Einfluss auf das geplante Szenario haben. In der Realität hat das Management jedoch die Möglichkeit, die Unternehmensstrategie anhand der neuen Informationen neu auszurichten.[189] Hierzu stehen insbesondere Aufschubs-, Abbruchs-, Änderungs- und Wachstumsoptionen zur Verfügung.[190] Das Management kann so Investitionsentscheidungen mithilfe der neuen Informationen fortlaufend an die eintretenden Situationen anpassen. Dies führt zu einer Begrenzung des Verlustrisikos bei unbegrenzten Gewinnchancen, Unsicherheiten lösen sich so sukzessiv auf.[191]

Bei der Unternehmenswertbestimmung mithilfe des Realoptionsansatzes wird zwischen dem statischen und dem dynamischen Wert unterschieden. Der statische Wert, auch als „real asset" bezeichnet, stellt dabei den Barwert der prognostizierten Zahlungsströme aufgrund der eingeschlagenen Unternehmensstrategie dar. Dieser Wert wird mithilfe von Ertragswert- oder DCF – Verfahren ermittelt.

Der dynamische Wert stellt die Bewertung der Flexibilitätspotenziale des Managements dar und wird mit dem Realoptionsverfahren bewertet.[192] Hierzu müssen zuerst alle Realoptionen identifiziert werden. Dabei kann noch einmal zwischen strategischen und operativen Realoptionen unterschieden werden. Bei den strategischen Realoptionen handelt es sich um zukünftige Chancen und Risiken, die sich aufgrund der Unternehmensumwelt ergeben und bei den operativen

---

[188] Was auch den potentiellen Käufer einschließt.
[189] Vgl. PEEMÖLLER/BECKMANN, [Realoptionsansatz, 2005], S. 798.
[190] Vgl. KRAG/KASPERZAK, [Grundzüge, 2000], S. 117.
[191] Vgl. PEEMÖLLER/BECKMANN, [Realoptionsansatz, 2005], S. 798.
[192] Es besteht auch die Möglichkeit das gesamte Unternehmens als Realoption zu bewerten, zum Beispiel als Option für einen Markteintritt. Dieses ist jedoch mit erhöhten Schwierigkeiten verbunden und wird daher in der Praxis kaum Anwendung zu finden scheint. Vgl. LEITHNER/LIEBLER, [REALOPTIONEN, 2005], S. 238.

Realoptionen handelt es sich um die Flexibilitätspotenziale bei bereits getätigten Investitionen.

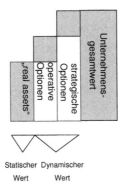

Abbildung 15: Zusammensetzung des Unternehmensgesamtwertes[193]

Um die Anwendbarkeit zu gewährleisten, müssen nun aus der Menge der Optionen die Wesentlichen bestimmt und bewertet werden. Hierbei ist darauf zu achten, dass bestimmte Optionen zusammenhängen bzw. sich erst durch die Wahrnehmung einer anderen Option ergeben können, was die gesamte Berechnung weiter erschwert.

3.3.2 Beurteilung des Realoptionsverfahrens

Die Nutzung von Realoptionen zur Bestimmung des Unternehmenswerts hat den Vorteil, dass die Flexibilität des Managements bei Handlungsalternativen in der Bewertung berücksichtigt wird. Dies ist besonders bei unsicheren Märkten und bei innovativen jungen Unternehmen wichtig, da deren Unternehmenswert entscheidend durch den Wert der Handlungsmöglichkeiten beeinflusst wird.[194] Diese Betrachtungsweise zeigt sich auch bei den hohen Kaufpreisen, welche in der Vergangenheit für strategische Unternehmenskäufe erzielt wurden und die kaum mithilfe der statischen Bewertungsverfahren erklärbar sind.

---

[193] In Anlehnung an KOCH, [Unternehmensbewertung, 1999], S. 92.
[194] Vgl. PEEMÖLLER/BECKMANN, [Realoptionen, 2005], S. 804 - 805.

Entsprechend dem Anforderungskatalog ist die Frage nach der Beachtung des Bewertungszwecks und der Bewertungseinheit mit erfüllt zu beantworten, da beide Grundsätze eingehalten werden. Die Zukunftsbezogenheit wird ebenfalls beachtet und daher mit erfüllt bewertet, da ja die Flexibilität der Entscheidungen in der Zukunft im Mittelpunkt des Verfahrens steht. Von den Ertragswert und DCF - Verfahren hebt sich dieses Verfahren, wie dargestellt, insbesondere durch die Bewertung der Chancen und Risiken ab. Daher wird dieses Verfahren als einziges in diesem Punkt mit erfüllt bewertet.

Bereits die kurze zusammenfassende Darstellung des Realoptionsverfahrens in dieser Arbeit legt jedoch einen schwerwiegenden Nachteil dieses Verfahrens offen: Die komplizierte Theorie und die daraus resultierenden Probleme hinsichtlich seiner Anwendbarkeit und Nachvollziehbarkeit. Dieser Punkt wird daher beim derzeitigen Stand der Anwendbarkeit nur mit eher nicht erfüllt bewertet.[195]

3.4 Vergleichsverfahren – Multiplikatormethode
3.4.1 Darstellung der Vergleichswertverfahren

Neben den substanzwert- und den ertragswertorientierten Bewertungsverfahren sind in der Praxis noch marktorientierte Verfahren von Bedeutung. Diese Verfahren versuchen mithilfe einer betriebwirtschaftlichen Kennzahl, welche mit einem Faktor multipliziert werden, den Wert eines Unternehmens zu bestimmen.[196] In der Wissenschaft wurden die Vergleichsverfahren lange Zeit abgelehnt, jedoch findet sich in der jüngeren Literatur eine verstärkte Berücksichtigung, die wahrscheinlich auch mit der häufigen Anwendung in der Praxis zusammenhängt.[197]

---

[195] Aufgabe der Betriebswirtschaftslehre muss es daher sein, die Nutzbarkeit in der Praxis zu verbessern.
[196] Vgl. HAYN, [junger Unternehmen, 2003], S. 83.
[197] Vgl. LÖHNERT/BÖCKMANN, [Multiplikatorverfahren, 2005], S. 405.

Welche Verfahren und Transfergrößen sich in der Bewertungspraxis etabliert haben, zeigt die nachfolgende Abbildung:

Verfahren	Transfergröße
Kurs-Gewinn-Verhältnis (KGV) Price-Earning-Ratio (P/E-Ratio)	Gewinn
Price-Earning-Growth-Ratio (PEG-Ratio)	Gewinn und Wachstumsrate
Kurs-Cash-flow-Verhältnis (KCV) Price-Cash-flow-Ratio (P/C-Ratio)	Cash-flow
Enterprice-Value-EBIT-Verhältnis	EBIT
Enterprise-Value-EBITDA-Verhältnis	EBITDA
Umsatzverfahren Revenue-Multiple	Umsatz
Leistungswertverfahren (bspw. Anzahl Netzteilnehmer bei Telekommunikationsunternehmen	Betriebliche Leistung (bspw. Produktionsmenge)

Abbildung 16: Wesentliche Vergleichsverfahren[198]

Obwohl es eine große Anzahl von Kennzahlen[199] gibt, die in der Bewertungspraxis zu Grunde gelegt werden, funktioniert die Berechnung immer nach dem folgenden Schema:[200]

$$\text{Unternehmenswert} = \text{Multiplikator} \times \text{Transfergröße des Untersuchungsobjekts}$$

wobei sich der Multiplikator folgendermaßen berechnet:

$$\text{Multiplikator} = \frac{\text{Preis des Vergleichsunternehmens}}{\text{Transfergröße des Vergleichsunternehmens}}$$

---

[198] Vgl. HAYN, [junger Unternehmen, 2003], S. 84.

[199] Eine sehr ausführliche Auseinandersetzung mit den einzelnen Verfahren und ihren Besonderheiten, sowie Berechnungsbeispiele findet man in: KROLLE/SCHMITT/SCHWETZLER, [Multiplikatorverfahren, 2005].

[200] Formeln in Anlehnung an: HAYN, [junger Unternehmen, 2003], S. 85.

Der Ablauf der Wertbestimmung gliedert sich dabei in 3 Schritte:[201]

1. Zuerst wird eine Gruppe von Vergleichsunternehmen bestimmt. Dieser Schritt ist auch zugleich der Entscheidende, denn nur bei einer sinnvollen Auswahl ist das Ergebnis brauchbar. Die hierzu genutzten Kriterien lauten u. a. Branchenzugehörigkeit, Unternehmensgröße, Marktposition, Kostenstruktur, Lebenszyklusphase, geographische Verbreitung und Aktionärsstruktur. Diese Vergleichsgruppe wird auch als „Peer Group"[202] bezeichnet.
2. Als zweites müssen die Bezugsgrößen bestimmt und die Multiplikatoren gebildet werden.[203] In der Abbildung 16 sind einige dieser Kennzahlen genannt. Durch die Nutzung mehrerer Kenngrößen entsteht kein eindeutiger Grenzpreis, sondern eine Bandbreite. Das Ergebnis gilt dabei als umso genauer, je enger diese Bandbreite ausfällt.[204]
3. Zuletzt wird der Unternehmenswert durch die Multiplikation der entsprechenden Bezugsgröße mit dem Multiplikator bestimmt.

Multiplikator	Branche
7 – 10	Chemie
10 – 12	Elektronik
4 – 6	Feinmechanik
6 – 8	Kunststoffverarbeitung
4 – 8	Maschinenbau
5 – 7	Nahrung
10 – 12	Pharma
6 – 8	Werkzeugbau

Abbildung 17: Multiplikatoren des durchschnittlichen Gewinns nach Branchen[205]

---

[201] Vgl. SCHULTZE, [Methoden, 2003], S. 159.
[202] CREUTZMANN/DESER, [Einführung, 2005], S. 2.
[203] Die Abbildung 17: Multiplikatoren des durchschnittlichen Gewinns nach Branchen zeigt die durchschnittlich angewendeten Multiplikatoren in bestimmten Branchen.
[204] Vgl. HÖLSCHER, [Unternehmensbewertung, 1998], S. 197.
[205] Vgl. BECK, [Unternehmensbewertung, 1996], S. 115.

Ihre Anwendung finden Multiplikatorverfahren zum Beispiel bei der relativen Bewertung unterschiedlicher Kapitalmarkttitel. Der Zweck ist hierbei Fehlbewertungen aufzudecken um kurzfristig Gewinne zu erzielen. Der ermittelte Wert stellt dabei nicht den inneren Wert dar, sondern vielmehr den derzeitig erzielbaren Marktwert.[206]

Multiplikatorverfahren werden bevorzugt von Beratungsunternehmen und Investmentbanken im Rahmen des M&A und bei Börsengängen angewandt.[207] Die so ermittelten Werte können jedoch nicht die Grenzpreisermittlung ersetzen, sondern stellen vielmehr eine Bandbreite, sowie einen ersten Anhaltspunkt dar. Dies liegt unter anderem an dem fehlenden Zielunternehmensbezug, der durch einen Referenzbezug ersetzt wird.[208] Sie dienen somit vor allem „der Absicherung vor Fehleinschätzungen, d.h. einer Plausibilitätsprüfung"[209].

Die Anwendung von Multiplikatorverfahren eignet sich daher insbesondere dann, wenn unvollständige Informationen vorliegen oder der Aufwand bei anderen Bewertungsverfahren unverhältnismäßig zum Bewertungszweck wäre. Die Anwendung von Multiplikatorverfahren bedeutet nicht, dass in Abhängigkeit vom Bewertungszweck der theoretisch angemessene Wert eines Unternehmens nicht als Barwert aller zukünftigen Einzahlungsüberschüsse determiniert ist. Niemand wird bereit sein einen Preis für eine Gewinn- oder Umsatzgröße zu bezahlen.[210] Vielmehr stellt der Multiplikator eine „Hilfsgröße für die Schätzung des Barwerts künftiger Einzahlungsüberschüsse"[211] dar.

---

[206] Vgl. SCHULTZE, [Methoden, 2003], S. 165.
[207] Vgl. hierzu Kapitel III1.2 über die Anwendung von Verfahren in Unternehmensberatungsgesellschaften.
[208] Vgl. SCHULTZE, [Methoden, 2003], S. 166.
[209] Vgl. BALLWIESER, [Multiplikatoren, 1991], S. 62 – 63.
[210] Vgl. SCHULTZE, [Methoden, 2003], S. 157.
[211] LÖHNERT/BÖCKMANN, [Multiplikatorverfahren, 2005], S. 406 - 407.

3.4.2 Beurteilung der Vergleichswertverfahren

Bei der Darstellung des Multiplikatorverfahrens sind bereits einige Vor- und Nachteile angesprochen worden. Trotzdem erfolgt auch für dieses Verfahren eine Beurteilung anhand der aufgestellten Anforderungen.

Diese Art der Unternehmenswertbestimmung eignet sich insbesondere für die Ermittlung einer ersten Wertbandbreite. Dies ist daher relativ einfach möglich, da selbst bei unvollständigen Informationen, wie etwa dem Fehlen von Cash Flows, der Wert durch Vergleiche mit ähnlichen Unternehmen ermittelt werden kann. Des Weiteren eignen sie sich für die Plausibilitätsprüfung von Unternehmenswerten, welche mithilfe der DCF- oder Ertragswertverfahren aufgestellt wurden.[212] Aufgrund der marktorientierten Herleitung der Basisdaten eignen sich Multiplikatorverfahren besonders als Orientierungsgröße im Sinne der Argumentationsfunktion, da den Verhandlungspartnern stichhaltige Begründungen für die Wertermittlung gegeben werden können.

Diese Anwendungsbereiche zeigen, dass der Bewertungszweck bei der Berechnung zumindest teilweise berücksichtigt wird. Dies geschieht jedoch nicht vollkommen, da ja die individuellen Möglichkeiten des Käufers unberücksichtigt bleiben und nur auf Referenztransaktionen abgestellt wird[213]. Deshalb wird dieser Anforderungspunkt neutral bewertet.

Die Anwendung des Grundsatzes der Bewertungseinheit wird hier umgesetzt, indem komplette Unternehmen verglichen werden. Die Beschränkung auf einige wenige Transfergrößen (bspw. Umsatz, EBIT usw.) führt jedoch zu einer leichten Abwertung auf eher erfüllt.

Auf effizienten Kapitalmärkten werden Informationen fortlaufend für die Bewertung von Unternehmen aufbereitet und verwendet. Diese Tatsache kommt dem Bewertenden zugute, da er seinerseits auf diese verarbeiteten Informationen zurückgrei-

---

[212] Vgl. LÖHNERT/BÖCKMANN, [Multiplikatorverfahren, 2005], S. 408 - 409.
[213] Vgl. SCHULTZE, [Methoden, 2003], S. 166.

fen kann.[214] Durch die Beurteilung der Marktgesamtlage und der Aussichten für bestimmte Branchen ist es möglich, zukunftsgerichtete Erwartungen abzuschätzen. Gleichzeitig fließen Risiken und Chancen in die Bewertung mit ein[215]. Diese Art der Bewertung ist jedoch relativ statisch, da die Transfergrößen vergangenheitsorientiert gebildet werden und die Besonderheiten der Aufschlagszahlungen nur schwierig nachzuvollziehen sind.[216] Außerdem ist die Effizienz von Kapitalmärkten schwer zu beurteilen.[217] Beide Anforderungen werden deshalb mit neutral bewertet.

Ein wichtiger Grund für die vielfache Anwendung in der Praxis ist die leichte Anwendbarkeit und die damit einhergehende leichte Nachvollziehbarkeit. Die Anwender dieser Methoden bestreiten dabei jedoch nicht, dass dieser Vorteil auf einer starken Vereinfachung beruht. So müssen keine Überlegungen zu Kalkulationszinsfuß und Cashflowstruktur angestellt werden. Die Multiplikatoren enthalten diese Annahmen bereits und werden diese Multiplikatoren an die unterschiedlichen Unternehmen genau angepasst, kann das Verfahren ebenso komplex werden wie bei den Discounted Cashflow- oder Ertragswertverfahren.[218] Diese Anforderung wird daher als eher erfüllt eingeschätzt.[219]

4 Mischverfahren

Mischverfahren stellen eine Kombination aus Einzel- und Gesamtbewertungsverfahren dar. Es werden also Elemente beider Bewertungskonzeptionen kombiniert.[220] Hierbei lassen sich je nach Art und Weise der Berechnung das Mittelwertverfahren und das Übergewinnverfahren unterscheiden. Das Stuttgarter Verfahren

---

[214] Vgl. PEEMÖLLER/MEISTER/BECKMANN, [Multiplikatoransatz, 2002], S. 200.
[215] Die allgemeine Chancen und Risiken für den Gesamtmarkt und die Branche werden durch die Markterwartung widergespiegelt, die individuellen finden im Multiplikator Berücksichtigung.
[216] BECK, [Unternehmensbewertung, 1996], S. 118 – 119.
[217] Vgl. PEEMÖLLER/MEISTER/BECKMANN, [Multiplikatoransatz, 2002], S. 209.
[218] Vgl. SCHULTZE, [Methoden, 2003], S. 167; CREUTZMANN/DESER, [Einführung, 2005], S. 3.
[219] Negativ kann insbesondere bei internationalen Vergleichen eine unterschiedliche Rechnungslegungsnorm sein. Vgl. PEEMÖLLER/MEISTER/BECKMANN, [Multiplikatoransatz, 2002], S. 200.
[220] Vgl. KASPERZAK, [Methoden, 2004], S. 378.

stellt ebenfalls ein Übergewinnverfahren dar[221], wird jedoch aufgrund seiner besonderen Bedeutung separat in diesem Kapitel behandelt. Aufgrund der untergeordneten Bedeutung dieser Verfahrensgruppe wird sie nur kurz bearbeitet.

4.1 Mittelwertverfahren

Beim Mittelwertverfahren wird der Wert eines Unternehmens als arithmetisches Mittel, des als Teilreproduktionswert ermittelten Substanzwertes und des Ertragswertes errechnet. Rechnerisch ergibt sich demnach:[222]

$$\text{Unternehmenswert} = \frac{\text{Substanzwert} + \text{Ertragswert}}{2}$$

In der Literatur finden sich jedoch auch andere Gewichtungen für die einzubeziehenden Substanz- und Ertragswerte, so dass sich zum Beispiel auch folgende Gleichung ergeben kann:[223]

$$\text{Unternehmenswert} = \frac{\text{Substanzwert} + 2 \times \text{Ertragswert}}{3}$$

„Eine überzeugende Begründung für unterschiedliche Gewichtungsfaktoren lässt sich jedoch genauso wenig finden wie für gleich hohe Gewichtungsfaktoren"[224]

4.2 Übergewinnverfahren

Diese Form der Unternehmensbewertung hat ihren Ursprung im angelsächsischen Raum und wird dort als „Excess Earning Method" bezeichnet. Ihre Entstehung ist auf eine Richtlinie der amerikanischen Steuerbehörde zurückzuführen, wobei ihre Anwendung in den USA mittlerweile sehr selten ist.[225]

---

[221] Vgl. MANDL/RABEL, [Einführung, 2005], S. 84.
[222] Vgl. BECK, [Unternehmensbewertung, 1996], S. 121.
[223] Vgl. MANDL/RABEL, [Einführung, 2005], S. 84.
[224] MANDL/RABEL, [Einführung, 2005], S. 84.
[225] Vgl. SUCKUT, [internationale Akquisition, 1992], S. 110.

Dieses Verfahren geht davon aus, „dass Unternehmen langfristig nur eine Normalverzinsung des eingesetzten Kapitals erwirtschaften können"[226] und darüber hinausgehende Mehrgewinne (wie etwa überdurchschnittliche Unternehmerleistung oder gute Konjunkturlage) zeitlich begrenzt sind. Diese Übergewinndauer wird dabei mit m bezeichnet, der erwartete Periodenertrag mit E_t und der Kapitalzinsfuß mit i. Der Unternehmenswert wird daher nach der Übergewinnmethode folgendermaßen berechnet:[227]

$$\text{Unternehmenswert} = \text{Substanzwert} + \sum_{t=1}^{m}(E_t - i \times \text{Substanzwert}) \times (1+i)^{-t}$$

Der Unternehmenswert besteht also aus Substanzwert plus dem abgezinsten Übergewinn, welcher die Normalverzinsung des Substanzwertes übersteigt.

4.3 Stuttgarter Verfahren

Das Stuttgarter Verfahren wurde von der deutschen Finanzverwaltung zur Ermittlung des Wertes nicht börsennotierter Unternehmen eingeführt und wird in den Erbschaftssteuerrichtlinien (R 96ff ErbStR) geregelt.[228] Es diente in erster Linie der Berechnung der Besteuerungsgrundlage, zum Beispiel für die Vermögenssteuer, die Erbschafts- und Schenkungssteuer sowie die Gesellschaftssteuer.[229]

Bei der Berechnung des Unternehmenswertes nach dem Stuttgarter Verfahren unterscheidet sich die Berechnungsmethode des Substanz- und Ertragswertes von der bisherigen Berechnungsweise. Der Substanzwert wird durch die „Hinzuzählung von steuerfreien Auslandsvermögen und Schachtelbeteiligungen und die Subtraktion von ausgewiesenen Geschäftswerten"[230] als so genannter korrigierter Einheitswert des Betriebsvermögens ermittelt. Der Ertragswert wird über den Er-

---

[226] MANDL/RABEL, [Einführung, 2005], S. 84.
[227] Vgl. MANDL/RABEL, [Einführung, 2005], S. 85.
[228] Vgl. WIEHLE/DIEGELMANN/DETER/SCHÖMIG/ROLF, [Unternehmensbewertung, 2005], S.38.
[229] Vgl. HETZEL, [Stuttgarter Verfahren, 1988], S. 13.
[230] BECK, [Unternehmensbewertung, 1996], S. 120.

tragshundertsatz berechnet, denen die Körperschaftssteuerbescheide der letzten 3 Jahre zugrunde liegen.[231]

Als Formel lässt sich die Berechnung folgendermaßen ausdrücken, wobei der Ertragshundertsatz dem Durchschnittsertrag der letzten 3 Jahre entspricht:[232]

$$\text{Unternehmenswert} = \frac{\text{Substanzwert} + 5\text{x Ertragshundertsatz}}{1,5}$$

Durch Umformen erhält man:

$$\text{Unternehmenswert} = 0{,}66 \, (\text{Substanzwert} + 5 \, \text{Ertragshundertsatz})$$

Der Gesamtwert eines Unternehmens ergibt sich demnach aus der 0,66-fachen der Summe aus Substanzwert und fünffachen Ertragshundertsatz.[233]

4.4 Beurteilung der Mischverfahren

Wie dargelegt, versuchen die Mischverfahren durch eine Kombination von Substanz- und Ertragswert deren jeweilige Schwachstellen zu umgehen. Das Problem dabei ist, dass die Nachteile von Substanz- und Ertragswert nicht aufgehoben werden, sondern bestehen bleiben und sich teilweise sogar potenzieren.[234] Ein weiterer großer Nachteil ist, dass der Unternehmenswert maßgeblich vom gewählten Gewichtungsfaktor abhängig ist, welcher wiederum willkürlich gewählt werden kann.

---

[231] In der Regel wird hierbei der Ertrag aus dem Jahr t-3 einfach, aus dem Jahr t-2 doppelt und aus dem Jahr t-1 dreifach gewichtet. Vgl. hierzu WIEHLE/DIEGELMANN/DETER/SCHÖMIG/ROLF, [Unternehmensbewertung, 2005], S. 38.

[232] Vgl. HÜBNER, [Anteilsbewertung, 1993], S. 1660.

[233] Wobei die Finanzverwaltung einen abgerundeten Faktor von 0,65 zugrunde legt. Vgl. hierzu SUCKUT, [internationale Akquisition, 1992], S. 114.

[234] Vgl. BECK, [Unternehmensbewertung, 1996], S. 122.

Betrachtet man die anfangs aufgestellten Anforderungen an Bewertungsmethoden lässt sich Folgendes sagen:

Die Mischverfahren versuchen den Bewertungszweck durch die Einbeziehung des Ertragswertverfahrens zumindest teilweise in die Bewertung einfließen zu lassen. Eine strikte Ausrichtung auf den individuellen Zweck der Bewertung findet jedoch nicht statt. Aus diesem Grund wird dieser Bewertungspunkt mit eher nicht erfüllt beurteilt. Des Weiteren verstoßen die Mischverfahren gegen den Grundsatz der Bewertungseinheit, da sie zumindest teilweise auf der Substanzwertberechnung beruhen. Die Zukunftsbezogenheit wird ebenfalls unberücksichtigt gelassen, da bei der Ertragswertberechnung einfach Vergangenheitswerte auf die Zukunft vorgeschrieben werden. Die sich individuell ergebenen Unsicherheiten bleiben völlig außer acht, da diese nur mithilfe „einer strategische[n] Cash-Flow-Prognose systematisch erfasst werden"[235] können.

Da die Mischverfahren das Substanzwertverfahren mit dem Ertragswertverfahren ergänzen, müsste eigentlich davon auszugehen sein, dass zumindest die Anforderungen an Anwendbarkeit und Nachvollziehbarkeit erfüllt werden. Da jedoch die Wahl des Gewichtungsfaktors teilweise willkürlich erfolgen kann, wird die Wahl einem Verhandlungspartner nur schwierig zu erklären sein. Dieser Punkt wird deshalb nur mit neutral bewertet.

Aus den genannten Gründen und wie im empirischen Teil nachgewiesen, haben Mischverfahren in der Literatur wie auch in der Praxis fast keinerlei Bedeutung mehr. Das Stuttgarter Verfahren wird heutzutage auch von Sachverständigen und Gerichten nicht mehr angewandt.[236] Eine Ausnahme stellen gesellschaftsvertragliche Abfindungsregelungen dar, in denen noch häufig das Stuttgarter Verfahren vertraglich vorgesehen ist.[237]

---

[235] SUCKUT, [internationale Akquisition, 1992], S. 115.
[236] Vgl. KASPERZAK, [Methoden, 2004], S. 378; Vgl. PILTZ, [Rechtsprechung, 2005], S. 784.
[237] Vgl. PILTZ, [Rechtsprechung, 2005], S. 784; SCHULTZE, [Methoden, 2003], S. 155.

IV Zusammenfassung

Der Zweck dieser Arbeit war es, dem Leser einen Überblick über die Vielzahl der vorhandenen Bewertungsverfahren zu verschaffen. Dazu wurden zuerst die Grundlagen der Unternehmensbewertung erläutert und anschließend die einzelnen Verfahren dargestellt und bewertet. Um eine einheitliche Bewertung vornehmen zu können wurden dazu im Kapitel II6 einheitliche Anforderungen formuliert.

Die Auswertung der empirischen Untersuchungen im Kapitel III1.3 ergab, wie zu erwarten war, dass Ertragswertverfahren und DCF-Verfahren die meistgenutzten verfahren darstellen. Hierbei ist jedoch eine Verschiebung in Richtung DCF-Verfahren zu beobachten. Es findet somit eine Angleichung an die international genutzten Bewertungsverfahren satt.

Substanzorientierte Verfahren, die Mischverfahren inbegriffen, haben in der Praxis kaum noch Bedeutung, wenn es um die Bewertung von Unternehmen geht. Sie werden lediglich für Spezialfälle oder als Hilfsverfahren eingesetzt.[238]

Entgegen der vielfach ablehnenden Haltung in der wissenschaftlichen Literatur haben Vergleichsverfahren eine hohe Anwendungshäufigkeit, wobei sie meistens zur Plausibilitätsprüfung oder zur ersten Werteinschätzung verwendet werden. Dies wird vielfach mit der einfachen Anwendbarkeit sowie der guten Nachvollziehbarkeit begründet. Die Nutzung der Realoptionsverfahren steckt noch in den Kinderschuhen, sie bieten jedoch als einzige Verfahren die Möglichkeit, Chancen und Risiken adäquat zu bewerten und sind insbesondere für junge innovative Unternehmen geeignet. Diesen Vorteilen steht jedoch die Komplexität der dahinter stehenden Theorie und somit die schwierige Anwendbarkeit entgegen. Die sich verstärkende Nutzung, insbesondere bei den Unternehmensberatern lässt jedoch auf eine zukünftig zunehmende Anwendung schließen.

---

[238] Vgl. hierzu Kapitel III2.1.

Die folgende Abbildung zeigt noch einmal zusammenfassend die Beurteilung der Verfahren anhand des aufgestellten Anforderungskatalogs:

Anforderung Verfahren	Maßgeblichkeit des Bewertungszweck	Grundsatz der Bewertungseinheit	Grundsatz der Zukunftsbezogenheit	Berücksichtigung von Chancen und Risiken	Anwendbarkeit und Nachvollziehbarkeit
Substanzwertverfahren	nicht erfüllt	nicht erfüllt	nicht erfüllt	nicht erfüllt	eher erfüllt
Ertragswertverfahren	erfüllt	erfüllt	erfüllt	eher erfüllt	eher erfüllt
DCF – Verfahren	erfüllt	erfüllt	erfüllt	eher erfüllt	eher erfüllt
Realoptionsverfahren	erfüllt	erfüllt	erfüllt	erfüllt	eher nicht erfüllt
Vergleichsverfahren	neutral	eher erfüllt	neutral	neutral	eher erfüllt
Mischverfahren	eher nicht erfüllt	nicht erfüllt	nicht erfüllt	nicht erfüllt	neutral

Abbildung 18: Zusammenfassung der Verfahrensbeurteilungen[239]

Festzuhalten bleibt weiterhin, dass es nicht das „richtige" Bewertungsverfahren gibt. Vielmehr muss je nach Situation das passende Verfahren gewählt werden, wobei insbesondere der Bewertungszweck zu berücksichtigen ist. Diese Einschätzung wird auch durch die Auswertung der Anforderungen in Abbildung 18 bestätigt, denn kein Verfahren konnte alle 5 Anorderungen erfüllen.

Gerade in der praktischen Anwendung zeigt sich, dass „nicht die intime Kenntnis finanzmathematischer Verfahren und entscheidungstheoretischer Modelle [.] den Unterschied zwischen einer guten und einer schlechten Unternehmensbewertung aus[macht], sondern die Fähigkeit zur Einschätzung von Produkten, Märkten und Strategien."[240]

„Die Zahl am Ende einer Bewertung ist weniger wichtig als der Weg zur Zahl. Dieser Weg zeichnet sich bei einer guten Bewertung durch das Verstehen des Business Case aus."[241]

---

[239] Das Beurteilungsspektrum reicht von nicht erfüllt, eher nicht erfüllt, neutral, eher erfüllt bis erfüllt. Wobei es sich um eine Einschätzung des Autors handelt.
[240] BRETZKE, [Risiken, 1988], S. 823.
[241] BECK, [Unternehmensbewertung, 1996], S. 201.

Literaturverzeichnis

BAETGE/NIEMEYER/KÜMMEL, Discounted-Cashflow-Verfahren, [DCF-Verfahren], in: PEEMÖLLER (Hrsg.), Praxishandbuch der Unternehmensbewertung, 3. Auflage, Verlag Neue Wirtschafts-Briefe, Herne/Berlin, 2005.

BALLWIESER, Unternehmensbewertung mit Hilfe von Multiplikatoren, [Multiplikatoren], in: RÜCKLE (Hrsg.), Aktuelle Fragen der Finanzwirtschaft und der Unternehmensbesteuerung, Wien, 1991, S. 47 – 66.

BALLWIESER, Unternehmensbewertung und Komplexitätsreduktion, [Komplexitätsreduktion], Verlag Franz Vahlen, Wiesbaden, 1993.

BALLWIESER, Unternehmensbewertung mit Discounted Cash Flow - Verfahren, [DCF-Verfahren], in: Die Wirtschaftsprüfung, 1998, Band 51, Heft 3, S. 81 – 91.

BALLWIESER, Zum risikolosen Zins für die Unternehmensbewertung, [Zins], in: RICHTER/SCHÜLER/SCHWETZLER (Hrsg.), Kapitalgeberansprüche, Marktwertorientierung und Unternehmenswert, Verlag Franz Vahlen, München, 2003.

BERNHARD, Realoptionen als Instrument zur marktformspezifischen Unternehmensbewertung, [Realoptionen], Peter Lang GmbH, Frankfurt am Main, 2000.

BEER, Gegenüberstellung von Bewertungsdienstleistungen und Assurance Services, [Bewertungsdienstleistungen], Digital PS Druck AG, 2004.

BECK, Unternehmensbewertung bei Akquisitionen: Methoden, Anwendung, Probleme, [Unternehmensbewertung], Dt. Univ-Verlag, Wiesbaden, 1996.

BÖMELBURG, Vorbereitung der Unternehmensbewertung, [Vorbereitung], in: PEEMÖLLER (Hrsg.), Praxishandbuch der Unternehmensbewertung, 3. Auflage, Verlag Neue Wirtschafts-Briefe, Herne/Berlin, 2005.

BRETZKE, Zur Problematik des Objektivitätsanspruchs in der Unternehmungsbewertungslehre: ein Nachtrag zu einem Methodenstreit, [Methodenstreit], in: BFuP 1976, Bd. 28, S. 543 – 553.

BRETZKE, Risiken in der Unternehmensbewertung, [Risiken], in: zfbf 1988, Heft 9, S. 813 – 823.

CHMIELEWICZ, Forschungskonzeptionen der Wirtschaftswissenschaften, [Forschungskonzeptionen], 3. Auflage, Stuttgart, 1994.

CREUTZMANN/DESER, Einführung, [Einführung], in: KROLLE/SCHMITT/SCHWETZLER, Multiplikatorverfahren in der Unternehmensbewertung, Schäffer-Poeschel Verlag, Stuttgart, 2005.

DRUKARCZYK, Unternehmensbewertung, [Unternehmensbewertung], 4. überarbeitete und erweiterte Auflage, Verlag Franz Vahlen GmbH, München, 2003.

HANSMANN/KEHL, Studie zum Shareholder Value in deutschen Unternehmen, [Shareholder], Universität Hamburg, Hamburg, 2000.

HAYN, Bewertung junger Unternehmen, [junger Unternehmen], 3. Auflage, Verlag Neue Wirtschafts-Briefe, Herne/Berlin, 2003.

HELBING, Bewertung von kleinen und mittleren Unternehmen, [Bewertung], in: PEEMÖLLER (Hrsg.), Praxishandbuch der Unternehmensbewertung, 3. Auflage, Verlag Neue Wirtschafts-Briefe, Herne/Berlin, 2005.

HELBING, Due-Diligence-Review, [Due-Diligence], in: PEEMÖLLER (Hrsg.), Praxishandbuch der Unternehmensbewertung, 3. Auflage, Verlag Neue Wirtschafts-Briefe, Herne/Berlin, 2005.

HETZEL, Reformüberlegungen zum Stuttgarter Verfahren im internationalen Vergleich, [Stuttgarter Verfahren], Joseph Eul Verlag, Bochum, 1988.

HÖLSCHER, Käuferbezogen Unternehmensbewertung, [Unternehmensbewertung], Peter Lang GmbH, Frankfurt am Main, 1998.

HOORMANN/LANGE-STICHTENOTH, Methoden der Unternehmensbewertung im Akquisitionsprozeß – eine empirische Analyse, [Methoden], Institut für Weltwirtschaft, Universität Bremen, 1997.

HÜBNER, Die Neuregelung der Anteilbewertung nach den Vermögensteuer-Richtlinien 1993, [Anteilbewertung], in: DStR, Heft 45, 1993, S. 1656 – 1661.

HULL, Optionen, Futures und andere Derivate, [Optionen], 4. Auflage, Oldenbourg Verlag, München, 2001

IDW, IDW Standard: Grundsätze zur Durchführung von Unternehmensbewertungen, [IDW S1], IDW-Verlag, Düsseldorf, 2001.

JAENSCH, Wert und Preis der ganzen Unternehmung, [Wert], Westdeutscher Verlag, Köln, 1966.

KASPERZAK, Methoden der Unternehmensbewertung, [Methoden], in: LITTKEMANN/ZÜNDORF (Hrsg.), Beteiligungscontrolling: ein Handbuch für die Unternehmens- und Beratungspraxis, Verlag Neue Wirtschaft-Briefe, Herne/Berlin, 2004.

KOCH, Optionsbasierte Unternehmensbewertung: Realoptionen im Rahmen von Akquisitionen, [Unternehmensbewertung], Dt. Univ-Verlag, Wiesbaden, 1999.

KRAG/KASPERZAK, Grundzüge der Unternehmensbewertung, [Grundzüge], Verlag Franz Vahlen, München, 2000.

KRUSCHWITZ/LÖFFLER, DCF = APV+(FTE & TCF & WACC)?, [DCF], in: RICHTER/SCHÜLER/SCHWETZLER (Hrsg.), Kapitalgeberansprüche, Marktwertorientierung und Unternehmenswert, Verlag Franz Vahlen, München, 2003.

LEIBNER/LIEBNER, Die Bedeutung von Realoptionen im M&A – Geschäft, [Realoptionen], in: HOMMEL/BAECKER/SCHOLICH (Hrsg.), Reale Optionen, Springer-Verlag, Berlin u. a., 2005

LÖHNERT/BÖCKMANN, Multiplikatorverfahren in der Unternehmensbewertung, [Multiplikatorverfahren], in: PEEMÖLLER(Hrsg.), Praxishandbuch der Unternehmensbewertung, 3. Auflage, Verlag Neue Wirtschafts-Briefe, Herne/Berlin, 2005.

Mandl/Rabel, Methoden der Unternehmensbewertung (Überblick), [Überblick], in: PEEMÖLLER (Hrsg.), Praxishandbuch der Unternehmensbewertung, 3. Auflage, Verlag Neue Wirtschafts-Briefe, Herne/Berlin, 2005.

MATSCHKE, Unternehmensbewertung in dominierenden Konfliktsituationen am Beispiel der Bestimmung der angemessenen Barabfindung für den ausgeschlossenen oder ausscheidungsberechtigten Minderheits-Kapitalgesellschafter, [Konfliktsituationen], in: BFuP, 33 Jg., 1981.

MATSCHKE, Einige grundsätzliche Bemerkungen zur Ermittlung mehrdimensionaler Entscheidungswerte der Unternehmung, [Entscheidungswerte], in: BFuP, 45.Jg., 1993.

MATSCHKE, Unternehmensbewertung: Anlässe und Konzeptionen, [Konzeptionen], in: CORSTEN, H. (Hrsg.), Lexikon der BWL, 3. Auflage, München, 1995.

MOXTER, Grundsätze ordnungsgemäßer Rechnungslegung, [Rechnungslegung, 2003], IDW – Verlag, Düsseldorf, 2003.

PEEMÖLLER, Unternehmensbewertung in Deutschland – Eine empirische Erhebung, [Unternehmensbewertung] in: Die Wirtschaftsprüfung 1994, Jg. 47, Heft 22, S. 741 – 749.

PEEMÖLLER, Empirische Erhebung zum aktuellen Stand der praktischen Anwendung des Realoptionsansatzes, [Anwendung], in: Finanz Betrieb 2002, Heft 10, S. 561 – 565.

PEEMÖLLER, Wert und Werttheorien, [Werttheorien], in: PEEMÖLLER (Hrsg.), Praxishandbuch der Unternehmensbewertung, 3. Auflage, Verlag Neue Wirtschafts-Briefe, Herne/Berlin, 2005.

PEEMÖLLER/BECKMANN, Der Realoptionsansatz, [Realoptionsansatz], in: PEEMÖLLER (Hrsg.), Praxishandbuch der Unternehmensbewertung, 3. Auflage, Verlag Neue Wirtschafts-Briefe, Herne/Berlin, 2005.

PEEMÖLLER/KUNOWSKI, Ertragswertverfahren nach IDW, [Ertragswertverfahren], in: PEEMÖLLER (Hrsg.), Praxishandbuch der Unternehmensbewertung, 3. Auflage, Verlag Neue Wirtschafts-Briefe, Herne/Berlin, 2005.

PEEMÖLLER/MEISTER/BECKMANN, Der Multiplikatoransatz als eigenständiges Verfahren in der Unternehmensbewertung, [Multiplikatoransatz], in: Finanz Betrieb 2002, Heft 4, S. 197 - 209.

POPP, Vergangenheits- und Lageanalyse, [Lageanalyse], in: PEEMÖLLER (Hrsg.), Praxishandbuch der Unternehmensbewertung, 3. Auflage, Verlag Neue Wirtschafts-Briefe, Herne/Berlin, 2005.

REHKUGLER, Unternehmensgröße als Klassifikationsmerkmal in der Betriebswirtschaftslehre oder Brauchen wir eine „Betriebswirtschaftslehre mittelständischer Unternehmen"? in KIRCH/PICOT (Hrsg.), Betriebswirtschaftslehre im Spannungsfeld zwischen Generalisierung und Spezialisierung: Edmund Heinen zum 70. Geburtstag, Gabler, Wiesbaden, 1989, S. 397 – 412.

SCHMIDT, Ganzheitliche Unternehmensbewertung: von der Wertermittlung zur Metasteuerungen, [Unternehmensbewertung], Dt. Univ-Verlag, Wiesbaden, 2002.

SCHULTZE, Methoden der Unternehmensbewertung, [Methoden], 2. Auflage, IDW-Verlag, Düsseldorf, 2003.

SIEBEN, Der Substanzwert der Unternehmung, [Substanzwert], Gabler, Wiesbaden, 1963.

SIEBEN, Funktionen der Bewertung ganzer Unternehmen und von Unternehmensteilen, [Funktionen], in: WISU, 1983.

SIEBEN/DIEDRICH, Aspekte der Wertfindung bei strategisch motivierten Unternehmensakquisitionen, [Aspekte], in: Zfbf 1990, Heft 42, Verlagsgruppe Handelsblatt, S. 794-809.

SIEBEN, Unternehmensbewertung, [Unternehmensbewertung], in: Wittmann/Kern/Köhler (Hrsg.), Handwörterbuch der Betriebswirtschaftslehre, 5. Auflage, Stuttgart, 1993.

SIEBEN/MALTRY, Der Substanzwert der Unternehmung, [Substanzwert], in: PEEMÖLLER (Hrsg.), Praxishandbuch der Unternehmensbewertung, 3. Auflage, Verlag Neue Wirtschafts-Briefe, Herne/Berlin, 2005.

SUCKUT, Unternehmensbewertung für internationale Akquisitionen: Verfahren und Einsatz, [internationale Akquisitionen], Dt. Univ-Verlag, Wiesbaden, 1992.

UZIK, Berücksichtigung der Informationsunsicherheitsprämie im Capital Asset Pricing Model, [CAPM], Band 33, Joseph Eul Verlag, Lohmar/Köln, 2004.

WIEHLE/DIEGELMANN/DETER/SCHÖMIG/ROLF, Unternehmensbewertung – Methoden, Rechenbeispiele, Vor- und Nachteile, [Unternehmensbewertung], 2. Auflage, cometis AG, Wiesbaden, 2005.